La Palma
N
Garafia
El Tablado
Gallegos
Barlovento
Los Sauces
Laguna de Barlovento
Las Tricias
Puntagorda
Pico de los Muchachos 2426
Piedra Llana 2321
Punta Llana
Caldera
Pico de la Nieve 2239
Tijarafe
La Cumbrecita
Hoya Grande 1387
Pico Bejenado 1875
Ovejas 1854
SANTA CRUZ DE LA PALMA
LOS LLANOS DE ARIDANE
Reventón 1435
Breña Alta
Tazacorte
El Paso
Flughafen
El Pilar
Villa del Mazo
Las Manchas
Deseada 1949
Tigalate
El Charco
Fuencaliente
Volcan San Antoni
0
5 km

Peter Grimm
La Palma

Peter Grimm

La Palma

Spaziergänge, leichte Wanderungen und sportliche Tagestouren über dem Atlantik

26 Farb- und 58 Schwarzweißfotos,
9 Kartenskizzen

Verlag J. Berg

Umschlaggestaltung und -foto: W. Lauter, München.

Foto gegenüber dem Titel: Höhenwandern mit freiem Blick
übers Meer zum Teide auf Teneriffa.

Foto auf Seite 187: Wallfahrtskirche Nuestra Señora de
Las Nieves oberhalb von Santa Cruz.

Bildnachweis: H. Bauregger: Seiten 15, 45, 48/49, 50,
61, 82 oben, 86 unten, 131.
Excmo. Cabildo Insular de La Palma: Seiten 31, 77, 81, 83 unten,
84, 85 oben, 89, 90 unten, 91, 94 unten, 109, 143, 187.
W. Lauter: Seiten 27, 37, 40/41, 46, 82 unten, 83 oben,
86 oben, 92, 94 oben, 133.
K. Thiele: Seiten 90 oben, 140.
Alle übrigen Fotos von P. Grimm.

Kartenskizzen: A. Zak, Scharnitz.

Autor und Verlag bemühen sich um zuverlässige Information.
Fehler und Unstimmigkeiten sind jedoch nicht auszuschließen.
Eine Garantie für die Richtigkeit der Angaben kann deshalb
nicht gegeben werden. Eine Haftung für Schäden
und Unfälle wird aus keinem Rechtsgrund übernommen.

ISBN 3-7634-1078-3

Satz/Layout: AVAK Publikationsdesign, München
Druck und Bindung: Kösel, Kempten

Inhalt

Vorwort

„Eine Insel in der Sonne – eine Insel für uns zwei ...“

Zufall – Schicksal? Die ersten Takte dieses nostalgischen Ohrwurms standen am Anfang unseres Reiseabenteuers. Irgendwo im städtischen Moloch. Irgendwann im naßkalten nördlichen Winter. Hat der Schlagertexter etwa La Palma gekannt? Wir jedenfalls fanden dort unsere „Insel in der Sonne“: die Berge meist über den Passatwolken, weite Teile der Insel fast immer wolkenfrei. Keine anhaltenden Staulagen und vor allem angenehme, wohltemperierte Luft, das ganze Jahr über. Selbst im Januar „ewiger Frühling“ mit Temperaturen um die 20 Grad. Eine Insel in der Sonne ...
Wie ist La Palma? Ländlich, familiär, auch bürgerlich; vom großen Tourismus unverdorben, noch unzerstört; kurz: ein Reservat für Individualisten, die auf touristische Animation und Clubbetrieb verzichten wollen. La Palma ist auch: wasserreich, grün und von reizvoller Vielfalt; liebenswert die kultivierten Hangterrassen, wild die Küstenschluchten, fremdartig das vulkanische Inselrelief; Zeugnisse einer alten Kultur zwischen exotischer Pflanzenpracht. Fast bis auf 2500 Meter Höhe ragen die Berge empor. La Palma, die andere Kanareninsel, ist, wortwörtlich, eine „herausragende“ Wanderinsel zum Umherstreifen, zum Ausspannen und Erholen in einer faszinierenden Umgebung. Wir haben sie hier entdeckt, diese „Insel für uns zwei“.
Unsere Wandererlebnisse habe ich notiert. Daraus ist ein Wanderbüchlein für Freunde geworden. Kein staubtrockener Wegweiser, sondern ein Büchlein zum Lesen. Farbig und lebendig wie die Insel selbst, möchte es vor allem das für den Wanderer nötige Wissen über La Palma vermitteln. Bereits zu Hause soll der Leser einen Eindruck davon bekommen, welches Wandervergnügen ihn erwartet. In den Beschreibungen weist der Text auf manches Sehenswerte am Rande hin, macht vorzugsweise jedoch auf die kritischen Stellen für das Zurechtfinden aufmerksam. Und für die zweckmäßige Handhabung steht der Routenverlauf in Stichworten dem ausführlichen Text voraus.
Schon für uns selbst wählten wir die Touren im einzelnen so aus, daß wir mit dem Auto anfahren konnten. Längere Asphaltmärsche haben wir dabei vermieden und gleichzeitig Bekanntschaft mit allen Teilen der Insel geschlossen. Alle lohnenden Ausflüge und Wanderungen geschehen aber, wie heute üblich, zu Fuß.
Gefördert wurde dieses Büchlein durch die Hilfe von Señora Ana Castañeda Perez im Tourismus-Patronat der Inselregierung. Unse-

re Abenteuerlust unterstützte Günter Sturm, DAV-Summit-Club, und auf der Insel half uns mit Rat und Tat Frau Ursula Gaus, der gute Geist für so viele Touristen. Echten Kontakt mit Land und Leuten verdanken wir unseren Wanderfreunden Alexander Sputh und Gefährtin. Nicht zu vergessen auch Hoteldirektor Ramón Tapia del Rió mit seinen Helferinnen, stellvertretend für alle, die sich immer freundlich um das Wohl ihrer Gäste sorgten. Ihnen allen ein herzliches Dankeschön!

„Wenn ich die schönste der Kanarischen Inseln nennen müßte, mir fiele vermutlich als erste La Palma ein“. Ein solches Kompliment widmete ein profunder Kenner des gesamten Archipels der „Isla bonita“. Möge die grüne Gebirgsinsel ein kleines Paradies bleiben für Spaziergänger und Bergwanderer. Mitten im Atlantik, und unverdorben vom Massentourismus: eine echte „Insel in der Sonne“ – für Sie und für mich.

Santa Cruz de la Palma vom Mirador de la Concepción.

Vom Quartier und anderen wichtigen Vorbedingungen

Unterkunft mit und ohne Reisekatalog

Die Quartiersuche auf der Insel hatten wir uns erspart. Wir wälzten lieber zuvor die Kataloge. Die Reisekataloge mit den schönen Bildern und den griffigen Worten, die Seiten, die Wünsche und Sehnsüchte wecken. Ein Stoß solcher knallbunt illustrierter Hefte lag wochenlang auf unserem Tisch. Wieder und wieder haben wir darin geblättert und uns ein erstes Bild über die Insel gemacht. Selbstverständlich studierten wir auch das wenige an verfügbarer Literatur und besorgten uns – soweit möglich – Kartenmaterial. Vorfreude aus der Beschäftigung mit dem Thema gehört schließlich zum Reisevergnügen.

Sehr bald war uns klar geworden: Wir buchen! Allein durch die Betreuung vom Ankunftstag an hat man mehr von einem kurzen Wanderurlaub auf der fremden Insel. Alles vorbereitet von den ersten Schritten an, kein Herumsuchen, keine Schneidergänge. Die Inselzeit bleibt frei fürs unbeschwerte Wandern. Auf also zum Reisebüro nebenan! „La Palma im Paket" bekommt man sozusagen um die nächste Ecke.

Fast alle größeren Reiseveranstalter bieten La Palma als Ferienziel an: *Kreutzer, TUI, Tjaereborg, Jahn,* und wie sie sonst noch heißen mögen. Charterflug non-stop mit *Condor* oder *LTU.* Den Flug alleine kriegt man beim Buchen nicht, und ob mit *Condor* oder *LTU,* bestimmt man nur durch die Wahl des Veranstaltungsangebots. Erwarten Sie hier keine Empfehlungen. Wenn Sie die suchen, greifen Sie zu einem Testbericht in einschlägigen Zeitschriften.

Jahn mag derzeit zwar das größte Angebot an Unterkünften auf der Insel haben, die Preise der einzelnen Anbieter differieren bei vergleichbaren Objekten jedoch nicht übermäßig. Sparen läßt sich bei eingehender Prüfung immer. Besonders wenn man die Billig-Zeiten nimmt und am meisten mit sogenannten Last-minute-Angeboten. Überall angepriesen wird verständlicherweise die einzige Groß-Hotelanlage der Insel, das „Sol de La Palma" in Puerto Naos an der Westküste: fürs Wandern etwas abgelegen, dafür mit bestem Badestrand. Von außen betrachtet, ein imposanter Komplex mit Straßen voller Appartements. Wir haben ihn angesehen. Übersehen konnten wir dabei freilich auch nicht die uniformen Kästen eines südländischen Badetourismus im einstigen Fischernest Puerto Naos, der hier wie in Los Cancajos zu sprießen beginnt. Gewiß, in den Ausmaßen sind solche Erscheinungen auf La Palma zur Zeit noch begrenzt, die Ansätze sind immerhin da. Ob sich indes ausgerechnet der Wanderer in solchem Modemilieu der Freizeitillustrierten wohlfühlt, muß er selber entscheiden. Einen echten Vorteil hat das Betondorf „Sol“: Von den 950 Betten sind fast immer einige frei. Das ansonsten wunderschöne Hotel „Romantica“ bei Barlovento, mitten in der Natur, liegt im Norden der Insel fürs Inselwandern verkehrsmäßig etwas ungünstig. Ganz anders das familiär geführte neue Hotel „Valle Aridane“ in Los Llanos. Nahe der Durchgangsstraße gelegen, sind von hier mit dem Wagen viele der Ausgangspunkte zu Ausflügen und Wanderungen schnell zu erreichen. Gleiches läßt sich vom staatlichen, in altspanischem Stil gehaltenen „Parador“ im Hauptstädtchen Santa Cruz sagen. Für unseren Geschmack zwar ein wenig verstaubt – aber warum nicht! Für ein oder zwei Nächte, bis man sich „am Land“ etabliert hat. Selbstverständlich bietet Santa Cruz noch einige weitere gute Stadthotels, teilweise erst jüngst modernisiert. Sie sind jedoch mehr auf den innerspanischen Geschäftsreiseverkehr zugeschnitten als auf die Träume von Wandertouristen.

Vergeblich sucht man in den bunten Reisekatalogen freilich Häuser nach Art unserer guten, behäbig-modernen Landgasthöfe. Unterkünfte auf dem Land, bescheiden und sauber, gibt es vereinzelt schon. Jedoch nur als kleine Pensionen, als Ein-Sterne-*Hostals*. Besonders in den vom Fernreisetourismus unbeleckten Orten bieten sie Herberge für den eher improvisierten Abenteuerurlaub. Zweifellos eine echte Alternative für Reiseindividualisten, die den Reiz und das Unterkommensrisiko dieser Ungebundenheit nicht scheuen. Nur, sehr billig ist dieses Vergnügen beileibe nicht. Wer darauf spekuliert, kann Überraschungen erleben bei dieser speziellen Art von Erlebnisurlaub.

Fern aller Kataloge bevorzugen junge Menschen mit Unternehmungslust heute wie zu Aussteigerzeiten den hochgepackten Rucksack mit Biwakausrüstung. Gelegentlich Höhlen, vor allem aber Plätze zum Kampieren in den von der spanischen Naturschutz- und Nationalparkbehörde ICONA angelegten *Refugios*, sind für sie attraktive Ziele. Frei unter dem Sternenhimmel, ohne Dach über dem Kopf. Für die auch hierzu vorgeschriebene Genehmigung ist jeweils die „Casa Forestal“ zuständig, sonst die Gemeinden. So ungemein ernst werden auf La Palma jedoch nur die Verkehrsbestimmungen und die Jungfrau Maria genommen. Freilich, auf Camper wartet man nicht. Auch kann das Biwak im nächtlichen Tau eine recht feuchte Angelegenheit werden. Wer solches aus ehrenhaften Gründen bevorzugt, lebt billiger auf La Palma.

Das eigene Häuschen im Grünen – der Bungalow

Was auf La Palma immer noch völlig fehlt, sind echte Campingplätze nach mitteleuropäischem Vorbild. Auch trifft man keine einfachen Wanderherbergen an, wie sie Frankreich so vorbildlich besitzt. Ja, es gibt nicht einmal Schutzhütten oder Bergunterkünfte in der alpinen Region. La Palma ist eine Insel des Familientourismus im vollen Wortsinn: wenig Hotels, umso mehr Ferienbungalows. Wer sich nicht nach „Residenzen" und Appartementkasernen sehnt, über die La Palma derzeit nur begrenzt verfügt, der ist mit einer solchen Bleibe für Selbstversorger ganz sicher bestens bedient. Auch davon bieten die Reiseveranstalter eine gute Auswahl an: mit Flug und Leihwagen zum Paket geschnürt, ein- bis zweimal die Woche von den meisten deutschen Flughäfen aus. Auf der Insel vermitteln die Reisebüros, verschiedene Leihwagenfirmen sowie die deutsche Immobilienfirma *Contacto* in Los Llanos preiswert solche Feriendomizile.
Auch wir hatten einen Bungalow als Wanderstützpunkt gewählt, blitzsauber und sehr gepflegt. Zweimal die Woche gereinigt und die Wäsche gewechselt, das „Reich der Hausfrau", das Kücheneck, allerdings nur mit dem Nötigsten versehen. Sonst war das Domizil mit Liegeterrasse und Gartenanteil durchaus ein Refugium zum Wohlfühlen, ja, eine rechte Versuchung zum Faulenzerurlaub. Frühstück vor dem Bungalow, gemütlich und nach eigenem Geschmack in den ersten wärmenden Sonnenstrahlen. So zwischen Kakteen, Bougainvilleen und anderer Blütenpracht. Mit irgendwelchen Früchten, frisch vom Baum gepflückt. Die Düfte der exotischen Vegetation mischten sich in den Geruch des Morgenkaffees, und der Blick schweifte beim Lutschen am süßen spanischen Frühstücksgebäck ungehemmt vom Grün der Berge bis zum Azur der See. Echsen guckten träge dabei zu. Gibt es einen erfreulicheren Auftakt zur täglichen Wanderung als eine solche, in vollen Zügen genossene Morgenstunde? Währenddessen es zu Hause möglicherweise wanderfeindlich-fröstelnd „saut"?
Uns hatte eine glückliche Wahl aus den Katalogen in die Gegend von El Paso geführt. In den Westen der Insel. Dort stehen die Häuschen im Grünen, in einer geruhsamen Gartenlandschaft weitläufig verstreut. Von den bewaldeten Bergen im Hintergrund sinken die Bungalowhänge gegen die Küste hin in sanften Stufen ab. Ferien „am Land" in La Palma – allerdings ohne Kuhstall und Misthaufen. Gewiß, auch die steilere Ostküste besitzt ihren Reiz, wir aber haben hier im Westen an jedem Abend nach abgestrampelter Tour den Gratisblick in diesem Amphitheater ausgekostet: auf die Perlen-

Finkas, Bungalows – Unterkünfte im Grünen.

schnüre der Straßenlichter, die vor dem nächtlichen Hintergrund in die „Stadt" Los Llanos führen, und zum Schattenriß der Steilwand El Time vor dem stets klaren Sternhimmel. Die südliche Mondsichel schwamm rücklings über dem Ozean, während der Nachtwind leise fächelnd den süßen Duft der Mandelbäume mit auf die Reise nahm. Nur die Kerze protestierte flackernd gegen so viel Romantik, bis sie schließlich in einem Windstoß verlosch. Südlicher Inselurlaub. Man könnte sich an einen solchen Ausklang der Wandertage gewöhnen.

Vom Weißbier bis zur Mojo-Soße – die Verpflegung

Doch zurück zu prosaischen Alltagsbedürfnissen. Keine fünf Minuten von unserem Bungalow entfernt lag der nächste *Supermercado.* Ein großer Familienladen mit einer unglaublichen Auswahl. Weitere Supermärkte und Super-Spargeschäfte haben wir in und um die Siedlungszentren der Inselmitte entdeckt und oft bei der Anreise zum Wanderziel für die Tagesproviantierung genutzt. In den Verkaufsregalen stehen wie selbstverständlich neben spanischen und kanarischen Erzeugnissen auch Waren aus aller Herren Länder: Der internationale Schiffsverkehr macht sich bemerkbar. Verbreitet werden da auch deutsche Lebensmittel angeboten für die Gäste, die nicht ohne sie auskommen. Sogar auf ihr heißgeliebtes Weißbier müssen Bayern und Schwaben nicht verzichten. Wirklich, auf dieser Insel ist die Qual der Wahl für Selbstverpfleger schwerer als in manch anderem Touristenland. Unser Übermaß an kulinarischer Neugier hat unseren Nachmietern viel Mundvorrat beschert.
Wer sich nach dem Wandern das Kochen nicht antun mag, beehrt die Gastronomie. In den Ferienregionen der Inselmitte ist diese segensreiche Einrichtung gesund entwickelt. Vom *Kiosko,* der einheimischen *Parilla* oder der *Bodega* bis zum altspanischen Restaurant mit aller Grandezza reicht die Auswahl, von *tapas,* den kleinen Tellergerichten, bis zum Galadiner das Speiseangebot. Spezialitätenlokale gibt es ebenfalls – der „Italiener um die Ecke" erinnert fast an zu Hause. Wie in allen südländischen Regionen diniert man spät; auch nach langer Tageswanderung wird niemand mit leerem Magen hinauskomplimentiert. Der Gast ist eben Gast. Er sollte sich denn auch so benehmen.
Zunehmend wird „Internationale Küche" auf mehrsprachigen Speisekarten angeboten. Sie hat auch ihren „internationalen" Preis. Schnitzel dort zu essen, wo man die rustikal-deftige palmerische Küche genießen kann, ist, zumindest, ungeschickt. Gegrillter Fisch sowie verschiedene Fleischgerichte mit scharfer Mojo-Soße und als Beilage die mit Meersalz in der Schale gekochten Kartoffeln gehören zur Insel wie der Wein. Von weiteren Köstlichkeiten ganz zu schweigen. Allein die unzähligen Namen der zubereiteten Meerestiere – ein Buch mit sieben Siegeln! Für das lohnende Studium reicht ein Urlaub nicht aus.

Ansätze zum Massen-Badetourismus?

Wie lange noch abseits vom Massentourismus?

Sonnenanbetende Fleischmassen verdecken hier nicht die Sicht aufs Gebirge. Die südländisch-maritime Horrorvision, das Schreckgespenst wandernder und naturliebender Gäste, hat sich auf La Palma nicht breitgemacht. Noch nicht? Der „Segen" der sogenannten touristischen Erschließung kommt hier, anders als auf den anderen kanarischen Badeinseln, gegen mannigfache Widerstände glücklicherweise nur langsam voran. Der Versuch, an der Ostküste Bauland für Großprojekte zu schaffen, ging mit den zur Landgewinnung ins Meer gekippten Felsmassen polternd auf Ozeangrund. Mehr als technische Schwierigkeiten infolge des Oberflächenreliefs scheinen jedoch die unterschiedlichen Vorstellungen der beiden Inselseiten das Profitstreben der ausländischen Touristikinvestoren gegenwärtig zu hemmen. La Palma, die schöne, die grüne Insel, hat den Tourismus nicht unbedingt nötig – nicht um jeden Preis! Auch ohne viel Gäste dürfte die Insel fähig sein, sich allein aus der Agrarproduktion zu versorgen. Folglich können sich die Palmeros ein Unbehagen gegenüber der Entwicklung auf den vom Tourismus

Herrschaftlicher Arkadenhof im Patrizierhaus Casa Salazar, Santa Cruz.

abhängigen Nachbarinseln leisten. Rasante Erschließungspläne werden abgelehnt, Widerstand formiert sich. So scheint nun die „grüne Insel" neben grünen Bananen auch ein gesundes Maß an vorsichtig grüner Gesinnung zu produzieren.
Weite Badestrände à la Gran Canaria fehlen ohnehin an den palmerischen Steilküsten. Die häufig steinigen Badebuchten mit ausschließlich schwarzem Lavasand sind meist abgelegen und zudem räumlich gut verteilt. Ohne größeren Ebenen Raum zu geben, steigt das Gebirge gleich vom Meer zu den Vulkanen und anderen Gipfeln an. Schon das allein sortiert potentielle Besucher nach ihren landschaftlichen Vorlieben. Keine idealen Vorbedingungen also für den von Badestränden abhängigen Massentourismus auf La Palma. Die Situation auf den großen Badeinseln sieht anders aus.
Offensichtlich gibt es jedoch auch unter den Flugreisenden nicht nur uniformen Bedarf nach Strandleben, Clubgesellschaft und Animation. Die jährlichen Zuwachsraten der Gäste, die auf La Palma

nichts als Natur, Landschaft, Kultur und, freilich auch, Ruhe suchen, sind enorm. Daß für sie und ihre Bedürfnisse das Beherbergungsangebot mehr als reicht, zeigt die Fehlinvestition des schwach ausgelasteten Hotels „Sol". Diese 950-Betten-Betonburg wird von den Besuchern La Palmas nur widerwillig und notgedrungen angenommen. Jeder objektive Touristikfachmann hätte die schlechten Erfolgschancen vorhersagen können. Das Wanderpublikum greift nicht nach den Sternen der Hotels am Strand. Die fehlenden weiten Sandstrände aber lassen sich auch nicht von den kreativsten Managern herbeizaubern.
Ob das wenig rentable Beispiel „Sol" den Investoren freilich zu denken gibt? Noch hat La Palma die Chance, das Muster einer überlegten touristischen Entwicklung vorzumachen, die den Einheimischen wie den Gästen nützt – abgestimmt auf die speziellen Qualitäten der Insel. Vorsicht scheint allerdings dringend geboten: Die Besucherzahlen steigen sprunghaft, das investitionsgierige Fremdkapital wird nach La Palma drängen. Vielleicht sägt die Insel den kräftig austreibenden touristischen Ast, auf dem sie sitzt, doch nicht ab. Ein wenig Hoffnung bleibt, La Palma möge das Kunststück gelingen, den ihr eigenen Charakter zu wahren und damit eine ebenso interessante wie begehrte (Markt-)Nische im subtropischen Inselreich Europas zu sein; gleichsam eine Oase: ländlich, familiär, fast intim. Jedenfalls eine echte Gebirgsinsel, auf der sich Wanderer wohlfühlen können.
Den Optimismus über die touristische Entwicklung der Insel wird keiner der Pfadfinder des Fremdenverkehrs teilen mögen. Diese Pioniere wider Willen, die vor weniger als zwei Jahrzehnten die Insel für sich als ihr Paradies entdeckten, kennt man kaum mehr. Die Zeiten abenteuernder Blumenkinder deutscher Abart mit ihren nächtlichen Feten unter dem Sternenhimmel, mit Alkohol, Radiogeplärr und Vandalismus sind vorbei. Sehr bald hatten Edelaussteiger auf Zeit diesen Geheimtip für sich ausgenutzt und La Palma mit ihren fürstlichen Sommerasylen beglückt. Überwinterer, Gelegenheitsresidenten und auch einige Flüchtlinge eines überreglementierten Alltags verstärken jetzt die deutsche Kolonie. Auf Brückenmauern aufgesprayte Botschaften, die „deutsch" mit Raub und Syphilis gleichsetzen, erinnern noch immer an ein weniger rühmliches deutsches Aussteiger-Kapitel als Vorspiel im Ablauf der touristischen Entwicklung.

Felsgravierungen und flämische Kunst – mehr als 1000 Jahre Inselgeschichte

Seltsame Steinzeichnungen

Die echte Kulturgeschichte der Insel reicht viel weiter zurück. Archaische Felsgravierungen an vielen Stellen bezeugen dies unübersehbar. Auch ohne das „Museo Insular“ oder eine der prähistorischen Privatsammlungen zu besuchen, erregen diese Petroglyphen die Neugier aller Wandernden. Zumeist spiralförmige Motive, Mäander oder geometrische Ornamente, vereinzelt auch abstrakte, aber deutbare Bilder, gibt es auf Felsen bis in Höhen über 2000 Meter zu sehen. Ihre Entsprechung finden diese Muster, wie die Forschung besagt, in Nordafrika sowie im steinzeitlichen Westeuropa. In einer Höhle hoch oben in den Felsen der Caldera will man sogar Schriftzeichen entdeckt haben, die dem libyschen Alphabet ähneln, das im 1. Jahrhundert nach Christi Geburt entstand. Was diese Zeichen aussagen mögen? Niemandem ist es bisher gelungen, sie zu entschlüsseln. Noch immer rätselt man. Vermutlich besitzen diese Steingravierungen magisch-kultischen Gehalt. Ein Zusammenhang könnte auch mit dem Vorkommen von Wasser bestehen: Die Mehrzahl der bekannten Zeichnungen liegt in der Nähe von Quellen – andere freilich auch weitab davon. Sicher ist nur, daß diese Petroglyphen, die seit langem die Phantasie der Forscher beschäftigen, von den Ureinwohnern der Insel stammen: von einer Urbevölkerung, die im gesamten kanarischen Archipel pauschal als Guanchen bezeichnet wird.

Das Rätsel der Guanchen

Wer waren sie nun, diese Guanchen? Mit hoher Wahrscheinlichkeit darf man auf berberische Herkunft schließen. Dafür sprechen allein schon die zahlreichen sprachlichen Spuren in Ortsnamen sowie manche vorspanischen Pflanzenbezeichnungen. Nach neueren Forschungen müssen diese ersten Siedler die Insel um die Zeitenwende erreicht haben. Das älteste mit Hilfe der Radio-Karbon-Methode untersuchte Fundstück datiert um 200 vor Christus. Wie diese Menschen jedoch von der afrikanischen Küste auf die Insel geraten sind, bleibt schleierhaft: Nichts deutet auf Seefahrerkenntnisse hin. Nicht den geringsten Hinweis auf Wasserfahrzeuge hat man gefunden. Statt von Booten aus zu fischen, fingen die Ureinwohner ihre

bevorzugte Fischnahrung vom Land aus, mittels giftiger Milch aus Euphorbiengewächsen. Sie lebten als Wildbeuter und Sammler, sie wohnten vorwiegend in spartanisch eingerichteten Höhlen. Auch ihre Steinwerkzeuge blieben völlig unbearbeitet. Andererseits hatte die Töpferei, wie die Funde in Sammlungen beweisen, ein hohes Niveau erreicht. Die Kleidung der Ureinwohner bestand aus Häuten und Fellen, als Waffen benutzten sie im Feuer gehärtete Stöcke. Eine Technologie und Wirtschaftsstruktur also wie in der Steinzeit. Das Bild erinnert an eine Robinsonade Schiffbrüchiger, bar allen Komforts und höher entwickelter Kenntnisse.
Wie man auch weiß, verehrten die Guanchen einen Himmelsgott namens Abora. Zu Ehren dieser Gottheit sollen sie vor pyramidenförmigen Steinaltären gesungen, getanzt und gespielt haben. Am heiligen Felsen Idafe, einem unverkennbaren Phallussymbol im Zentrum der Caldera, besänftigten sie die rumorenden Kräfte der Natur durch die geopferten Innereien geschlachteter Tiere.
Chronisten schildern diese Guanchen als großmütige und ehrenhafte Menschen. Bei unvermeidlichen Kämpfen zeigten diese frühen Palmeros kriegerisches Talent und außerordentliche Tapferkeit. Dennoch lebten sie vorwiegend in Frieden miteinander. Auf La Palma in zwölf *cantones* organisiert, stand an der Spitze jedes dieser Minireiche ein König, *mencey* genannt. Diese Häuptlinge waren, wie überliefert, mitunter auch weiblichen Geschlechts. Überhaupt scheint die Frau in dieser Urgesellschaft hohes Ansehen genossen zu haben. Berichtet wird über ihren „enormen Mut". Nach anthropologischen Untersuchungen erreichten die so primitiven Ur-Palmeros ein hohes Alter. Und wenn sie starben, wurden sie eingeäschert, gelegentlich auch mumifiziert.

Die Kanarischen Inseln in der Antike

Die Antike scheint den kanarischen Archipel bereits gekannt zu haben. Plutarch (um 125–50 v. Chr.) sprach von den „glücklichen Inseln", auch in den großartigsten Schilderungen Herodots (5. Jh. v. Chr.) sowie bei Platon (427–347 v. Chr.) will man die Inseln erkennen. Sicher ist, daß schon im ersten vorchristlichen Jahrtausend Phönizier die begehrte Orchilla-Flechte als Rohstoff zur Purpurgewinnung von diesen „Purpur-Inseln" holten. Später folgten die Karthager nach. Wie eine Sage erscheint jedoch die Reise des irischen Benediktinermönches Brandan de Clonfert, der La Palma im 6. Jahrhundert unter wahrhaft biblischen Umständen erreicht haben soll.

Vorgeschichtliche Petroglyphenwand im Barranquillo de la Zarza.

Ptolemäus (um 85–160 n. Chr.) fügte die Kanarischen Inseln als *insulae fortunatae* in das Gradnetz der bewohnten Welt ein. Plinius der Ältere erwähnt für eine der „Inseln der Seligen“ die Bezeichnung *canaria,* vermutlich für das heutige Gran Canaria. Von hier dürfte diese Benennung auf die ganze Inselgruppe übergegangen sein. Wie Forscher vermuten, hat Plinius den Namen von der gegenüberliegenden afrikanischen Küste entlehnt, wo es einst ein *cabo caunaria* gegeben haben soll. Die häufig zu lesende Ableitung aus dem lateinischen *canis,* Hund, ist jedenfalls unhaltbar. Und auch der etymologische Bezug auf den überlieferten Vogel *canora* gehört ins Reich der Spekulationen. Woher die Bezeichnung des Archipels tatsächlich stammt, bleibt eines der ungelösten Rätsel.

La Conquista: Der barbarische Weg zur „Königsinsel"

Wenn also nicht alles täuscht, lebten die Menschen auf der nordwestlichen Ecke dieser „seligen Inseln" jahrhundertelang glücklich und in Frieden. Bis 1405 ein normannischer Ritter namens Jean de Béthencourt mit drei Schiffen auf der Insel landete. Nach kleineren Raubzügen zum Zwecke der damals wirtschaftlich so bedeutenden Sklavenfängerei wurde er von den Ur-Palmeros in die Flucht geschlagen. Ruhe gab es freilich keine mehr. Das ganze 15. Jahrhundert hindurch unternahmen Spanier, Portugiesen, ja selbst die eingeborenen Nachbarn von der Insel El Hierro Raubüberfälle auf La Palma. Ein gewisser Hernán Peraza verlor 1447 gelegentlich eines Eroberungsversuches bei Puerto Naos sogar 200 Mann. Es kann eben der Frömmste nicht in Frieden leben, wenn es dem bösen Nachbarn nicht gefällt. Was heißt „fromm"? Waren die Guanchen nicht Heiden – und damit fürs christliche Abendland vogelfrei?

Schließlich geriet die Insel 1492 endgültig in den Strudel der großen Politik. In diesem Jahr erhielt nämlich der Andalusier Alonso Fernandez de Lugo, Befehlshaber auf Gran Canaria, von der spanischen Krone das Recht, nun auch La Palma für Spanien zu erobern. Eine stolze Erfolgsprämie wurde ihm zugesagt. Lugo ging sein Vorhaben ganz kommerziell an. Um das fehlende Kapital anzulocken, bildete er eine Kommanditgesellschaft; ihre Gewinnanteile bestanden – in Kriegsgefangenen. Mit Hilfe zweier verräterischer Guanchenkönige aus Gran Canaria landete Lugo mit seiner Streitmacht von 900 Mann am 29. September 1492, am St.-Michaels-Tag, beim späteren Tazacorte. Seither heißt die Insel der Palmen mit ihrem vollen Namen „San Miguel de la Palma".

Im kaum besiedelten Westen und Süden traf Lugo kaum auf Gegenwehr. Und auch im Norden schienen ihm die Scharmützel weniger zugesetzt zu haben als das unwegsame Gelände. Die vollständige Eroberung der Insel scheiterte indes am erbitterten Widerstand eines der kleinen Häuptlinge – Tanausú hieß der Held – der seine Krieger in der unwegsamen Caldera auch ohne Studium der Kriegsgeschichte offensichtlich recht erfolgreich anführte. Wie so mancher große Feldherr der Geschichte wurde Lugo mit den Guerillas nicht fertig. So lockte er eben 1493 den heldenhaften Tanausú zu „ehrenvollen" Gesprächen unter Caballeros aus seinem Widerstandsnest. Bei La Cumbrecita überwältigten versteckte „Caballeros" den Fürsten und seine Eskorte aus dem Hinterhalt. Das war am Morgen des 3. Mai 1493. Die Überlebenden sandte Lugo dem spanischen König als „Geschenk". Der politische Zweck, nein, Machtstreben und Habgier heiligten schon immer die Mittel, auch in der

„christlichen“ Vergangenheit. Tanausú aber entzog sich diesem entwürdigenden Schicksal bei Hofe durch einen konsequent zu Ende geführten Hungerstreik – möglicherweise dem ersten politisch motivierten der Geschichte.
Fortan wurde La Palma „Königsinsel“, also unmittelbar der spanischen Krone unterstellt. Die Westindienfahrt bekam damit einen wichtigen Hafen, und der geschäftstüchtige Lugo eignete sich die besten Wasserrechte und Ländereien der Insel an. Aus seinen Händen ging der Großgrundbesitz in der Folge an den finanzkräftigen spanischen Grundadel über, und später kamen vor allem flämische Kaufherrenfamilien hinzu. Selbst die Augsburger Welser hatten hier einst Güter. All dies legte den Grundstein zu einer noch heute durchscheinenden Besitzstruktur. Freilich verdankt La Palma diesen alten Patrizierfamilien auch die schönsten Kunstdenkmäler. Santa Cruz ist ein lebendiges Beispiel dafür. Und da die Insel seit Lugo keine kriegerische Invasion mehr erlebt hat, sieht hier der staunende Gast so manches flämische Kunstwerk.

500 Jahre bewegte Wirtschaftsgeschichte

Entgegen anderslautender Fama wurde die Urbevölkerung, trotz der verbürgten Deportation von mindestens 2000 Sklaven, nicht ausgerottet. Die Guanchen vermischten sich vielmehr mit den zahlreichen Zuwanderern. La Palma hatte bis Ende des 18. Jahrhunderts Siedlungsbedarf. Noch heute ist in manchen Gesichtern ländlicher Palmeros der voreuropäische Einschlag zu erkennen.
Standen nun nach den geltenden religiösen Gesetzen die getauften Guanchen der Insel als „Rohstoff“ für den einträglichen Sklavenhandel nicht mehr zur Verfügung, so beorderten freilich zu wiederholten Malen Dekrete der spanischen Krone viele Palmeros zur Kolonisation der spanischen Besitzungen nach Südamerika. Familiäre Bande dorthin, vor allem nach Venezuela, zeichnen La Palma noch immer aus. Offensichtlich haben die tüchtigen und intelligenten Urbewohner das Steinzeitniveau eilends hinter sich gelassen. Ob sie nun als moderne Sklaven den Konquistadoren des Massentourismus dienen wollen, ist die Frage, die über ihre Zukunft entscheiden wird.
Nach fast 500 Jahren gehört die einstige „Königsinsel“ noch immer zum Staatsverband Spaniens, jetzt freilich als Teil der autonomen Provinz Teneriffa. Als Hinterlassenschaft einer bewegten Wirtschaftsgeschichte belasten sie erhebliche Strukturprobleme, für die nun der spanische Steuerzahler aufkommen darf. Mag sein,

daß im nächsten Schritt die EG – und das sind wir alle – für Lugos und seiner Erben Sünden zahlen muß. Denn Wohlstand durch Geld ist das einzige, was ein latentes Unabhängigkeitsstreben autonomer Separatisten zu kompensieren vermag.
Wer mehr über diese historische Entwicklung wissen will, die von Anfang an so eng mit Wirtschaftsinteressen verflochten war, der lese dies nach im ausgezeichneten „La Palma-Handbuch" von Adam Reifenberger. Ein Hintertreppenwitz der Geschichte soll diesen kurzen Exkurs beschließen. Beinahe wäre La Palma durch Kauf als Flottenstützpunkt nämlich zum Deutschen Reich gekommen, hätte dies nicht der Ausbruch des Ersten Weltkriegs verhindert. Und heute? Da ist diese Insel das Objekt der Begierde deutscher Immobilienmakler.

Kanarische Fensterverzierung und Balkonfiligran an der Plaza España.

Grün und steil – die Inselnatur

Die Deutschen scheinen eine Vorliebe für La Palma entwickelt zu haben. Nicht so sehr als Rentnerparadies wie in Mallorca, sondern zunächst als Winterfrische für den kleineren Geldadel. Seit wenigen Jahren stießen jedoch die Familienurlauber hinzu, die Menschen, die das Wandern abseits vom Massenbetrieb als Erholung bevorzugen. So ist die Insel touristisch vorwiegend in deutscher Hand. Über die Ursachen mag sich schon mancher den Kopf zerbrochen haben – dem Schriftsteller Gerhard Nebel dürfte es gelungen sein, sie aufzuspüren. Er sieht sie im „wunderbaren Verein von Fremdem und Vertrautem“, und er meint damit vorwiegend das viele Grün, das der Insel den Ehrentitel „Die Grüne“ verschafft hat.

Wie die Insel entstand und wie sie jetzt aussieht

Über die Entstehung der Insel haben sich Geowissenschaftler lange Zeit in unterschiedlichen Theorien ergangen. Die kanarische Inselgruppe könnte aus im Zuge der Kontinentaldrift abgerissenen Brocken der afrikanischen Landmasse bestehen – meinten die einen. Andere wollten in diesen Eiland ein Überbleibsel des untergegangenen Kontinents Atlantis erkennen. Nach wieder anderen Überlegungen sollten diese über das Wasser ragenden Buckel sogar eine Kette von „Hot spots“ à la Hawaii bilden, die beim Wandern der afrikanischen Platte über aktiven Magmaherden aufbrachen.
Erst mit den Erkenntnissen der neueren geophysikalischen Tiefseeforschung weiß man es endlich: La Palma ist ganz sicher kein Rest von Atlantis! Vielmehr zerbrach im Zusammenhang mit der Alpenfaltung im Gebiet der Inseln ein 150 bis 180 Millionen Jahre alter atlantischer Ozeanboden durch tektonischen Schub. Die einzelnen Schollenbruchstücke wurden dabei unterschiedlich angehoben, und auf ihren Sockeln baute Vulkanismus sodann die einzelnen Inseln auf. Echte Ozeaninseln also – ohne eine Kontinentalkruste darunter. So steigt La Palma aus einer Meerestiefe von teilweise 4000 Metern auf; lediglich 5 Prozent der Inselmasse ragen über die Wasseroberfläche.
Dieser winzige sichtbare Teil präsentiert sich dem Beschauer als steile Gebirgsinsel von vulkanischem Grundcharakter. Zumeist schroff sind denn auch die Küsten; stellenweise fallen sie mit über

Steilküsten mit kleinen Buchten rund um die Insel.

100 Meter hohen Felswänden zum Wasser hin ab. Die eigentliche Massenerhebung aber bildet ein von Südwesten her bis in seine Mitte ausgehöhlter Vulkandom, der die ganze Nordhälfte der Insel einnimmt. Von der ursprünglichen Gipfelhöhe sollen nach vorsichtiger Schätzung bereits etwa 1000 Meter fehlen. Gleichwohl ragt La Palmas stark ausgeprägtes Relief von der Küstenregion bis auf fast 2500 Meter Höhe auf. Damit reicht selbst in diesem subtropischen Klima der Gebirgskern bis über die Baumgrenze hinauf, die hier etwa bei 1800 Meter Höhe liegt.
Eine dichte Folge radial eingeschnittener Barrancos zergliedert den höher aufgewölbten Nordteil der Insel. Diese teils tief eingefressenen Schluchten zerlegen auch den schmalen Saum eines Mittelgebirgsansatzes über dem Meer und gestalten die ganze Inselhälfte unwegsam. Den Süden hingegen nimmt eine langgestreckte Vulkankette ein, die sich wie ein Keil ins Meer hinausschiebt. Überall sitzen den Flanken hier kleinere Vulkankegelchen auf. Einzige größere Verebnung ist im Westen das Aridane-Tal. Hier wie an der mittleren Ostküste liegen an der „Taille" der Insel die Siedlungsverdichtungen. Außerhalb dieser auch wirtschaftlich bedeutenden Zentren dünnt die Besiedlung stark aus.
Angaben über die Größe der etwa herzförmigen, nordwestlichsten Kanareninsel La Palma schwanken zwischen 706 und über 730 Quadratkilometer. Offiziell werden 726 Quadratkilometer angegeben. Auf dieser schmalen Grundfläche wechseln die vielgestaltigen subtropischen Landschaftstypen auf kurze Distanz. Nur ein Katzensprung ist's von der versteckten Badebucht in der Felsküste zu den Stacheln der Kakteenhänge! Unweit über Bananenplantagen wachsen im Steilen die Reben. Auf besiedelte Gartenlandschaft folgt Barranco-Wildnis, und selbst von den nackten Lavaströmen bis zum ewig grünen, schluchtendurchfurchten Kessel der Caldera de Taburiente sind es nur wenige Kilometer. Darüber, als Krönung, die Felsgipfel! Keine Industrie, nur eine einzige größere Stadt – dafür fließende, stürzende Wasser. Diese geballte Vielfalt, durchwuchert von exotischer Pflanzenpracht, macht den intimen Reiz der Insel aus. Nie wird das Wandern langweilig.

La Palmas beherrschender Wald

Tatsächlich führt La Palma mit 41 Prozent Waldbedeckung als weitaus waldreichste diese Statistik der Kanarischen Inseln an. Das vielgerühmte La Gomera bringt es dagegen nur auf 22 Prozent, die Bundesrepublik auf 29 Prozent! Fast ausschließlich trifft man aller-

Lichter Wald aus Kanarenkiefern überwiegt auf La Palma.

dings auf Wald aus Kanarenkiefern, der *pinus canariensis.* Der Baum mit seiner dicken roten, grobrissig gefelderten Borke ist ein Überlebenskünstler selbst auf trockenstem vulkanischem Gestein. Mit seinen 30 Zentimeter langen Nadelbüscheln fängt dieses unverwüstliche Gehölz einen erheblichen Teil seines Wasserbedarfs aus der Feuchtluft ein. Es übersteht damit Regenmangel und ausgedörrten Boden. Selbst die regelmäßigen, manchmal wohl auch absichtlich gelegten Waldbrände bringen es nicht um. Die Folge davon sind freilich jene auffallenden Baumgestalten, die aussehen wie säulenförmige Flaschenbürsten, denn der Baum überlebt durch Neuaustrieb direkt am Stamm. Ungestörte Exemplare erinnern in ihrer grotesk verzweigten Form an alte Zirben an den Steilhängen der Alpen.

Diese überwiegend bewirtschafteten Pinienwälder sind licht. Häufig eröffnen sich reizvolle Durchblicke aufs Meer. Trotz einer gewissen Einförmigkeit fehlt diesem Wald die Tristesse deutscher Fichtenholzplantagen. Freilich bietet auch der Kanarenwald dem Unterwuchs sehr beschränkt Chancen, nur gelegentlich finden sich einzelne Büsche, seltener Farne. Hie und da aber schmücken Flecken von gelbem Hornklee den dichten Nadelfilz des Bodens. Zur Blütezeit mischt sich der Duft des Klees in den kräftigen Waldgeruch nach Pinienharz. Mit geschlossenen Augen wüßte man, daß man sich in diesen Wäldern bewegt.

Die besonders interessante Pflanzenwelt

Versteckt in diesem Bergwald, blühen im Fels der mittleren Lagen etliche kanarische Spezialitäten. Besonders fallen die Dickblattgewächse des Aeonium und der Greenovia auf, fast meterhohe Verwandte unserer Hauswurz. Dazu noch spezielle Euphorbien und die blauen Kolben einer Natternkopfart. Trotz etlicher alpiner Pflanzenkenntnisse steht der Amateurbotaniker da wie der Ochs' vor dem Tore. Vollends läßt einen das vertraute Bestimmungsbuch im Stich, denn 27 Prozent der 774 hier wild vorkommenden Arten gibt es eben nur auf den Kanaren: ein hoher Anteil an sogenannten Endemiten, der auch den erfahrensten Alpenwanderer ratlos macht.

Floristisch gilt La Palma als eine der interessantesten Inseln. Das Exotische beginnt an der Küste: steile, trockene Kakteenhänge über dem Meer, viel Kandelabereuphorbien und Opuntien – eine perfekte „Wüsten"-Kulisse. Weitere übergroße Wolfsmilcharten, Ampferstauden und mächtige verholzte Margeritenbüsche besiedeln den jungen Lavaboden. Die unteren Regionen der Barrancos hingegen versperrt ein dichtes, wärmeliebendes Hartlaubgebüsch mit Jasmin, phönizischem Wacholder und Ginster. Drachenbäume, die es hier so reichlich wie nirgends gibt, sowie Kanarenpalmen gehören ebenfalls zu den Resten dieses wunderlichen Trockenwaldes. Wer mit ihm abseits der Wirtschaftswege hautnah Bekanntschaft schließt, wird diesen hartnäckigen Sperrgürtel nicht so leicht vergessen.

Feuchte Nordostlagen waren einst im gesamten kanarischen Archipel von Lorbeerurwald bedeckt. Diese dichte und dunkle Waldgemeinschaft aus überwiegend vier Lorbeerarten blieb in degradierten Resten auf den westlichen Inseln erhalten. La Palma hat den ursprünglichsten Anteil an diesen Relikten einer tertiären Mittelmeerflora. Weltweit einzigartig soll der Bestand in dem von der UNESCO ausgezeichneten „Reserva de Biosfera" bei Los Tilos sein. Die Zusammensetzung aus 30 bis 40 Meter hohen dünnstämmigen Lorbeerbäumen mit einer Strauchschicht aus Schneeballbäumchen, übermannshohen Kräutern, zarten Schattengewächsen und riesigen Schlingpflanzen ist in und um die nasse Schlucht des Barranco del Agua exemplarisch vertreten.

Nach oben hin schließt an den Lorbeerwald das Stangendickicht der „Fayal-Brezal-Zone" an: hohe Erikabäume, gemischt mit Myrten und Stechpalmen. Darüber folgt der beschriebene Wald aus Kanarenkiefern, der in zunehmender Höhe rosa und weiß blühenden Zistrosenfeldern Raum gewährt. Die hier einst dominierenden

Wacholderzedern zogen sich, von der Ausrottung bedroht, auf nur mehr einige wenige, unzugängliche Felsstandorte zurück. Truppweise hingegen bestocken im Vulkangeröll an manchen Stellen Ginsterbäume die steilen Berghänge. Mit ihrer weißen Blütenfülle erinnern sie etwas an Zierkirschen. Baumlose Hochlagen werden von Codeso-„Ginster" eingenommen: kein echter Ginster, aber undurchdringlich wie Latschenfelder und im April/Mai über und über leuchtend gelb. Insgesamt liegt die Hauptblütezeit der wild wachsenden Vegetation, je nach Höhenlage, zwischen Februar/März und Mai. Dann schmückt sich das grüne Kleid der Insel mit freundlichen bunten Tupfen.

Versteckt in den Wäldern: die Kanaren-Glockenblume.

Keine giftigen Tiere – die Fauna

Die Fauna der wild lebenden Säugetiere soll auf der Insel nur durch Ziegen, Mufflons und Wildkaninchen vertreten sein. Bei letzteren, nur für Touristen possierlichen Tierchen, muß man als Autofahrer in den Abendstunden auf Bergstrecken höllisch aufpassen, daß man keines überfährt. Geschwind hüpfen sie aus dem Randgebüsch vor die Räder und schlagen in Fahrtrichtung ihre Haken. Wenn Sie hingegen über „Gemsen“ in den wildesten Wänden im Innern der Caldera de Taburiente staunen – diese sind meist keine der hier ausgesetzten Mufflons, sondern gewöhnliche Ziegen! Was die Reptilienwelt betrifft, so wimmelt es nur so von scheuen Geckos. Die palmerischen Eidechsen dagegen, als Männchen mit blauen Seitenstreifen, begrüßen mitunter artig den Gast schon am Frühstückstisch vor dem Bungalow.
Von den 36 auf der Insel festgestellten Vogelarten wird der Bergwanderer gerne mit dem rotfüßigen, rotschnabeligen Inselendemiten *graja* Freundschaft schließen. Diese Unterart der Alpenkrähe segelt um die Gipfel wie die Dohle in den Alpen. In Waldgebieten erschreckt das Gurren wilder Tauben, während über dem offenen Land oft Turmfalken zu beobachten sind. Eine Reihe von Singvögeln erinnert an ihre kontinentalen Verwandten, weicht allerdings von ihnen in Einzelheiten ab. So bieten Vogelbeobachtungen immer wieder erstaunliche Überraschungen.
Auch verschiedenartige Schmetterlinge in leuchtenden Farben scheucht der Wanderer auf. 85 Prozent der gesamten Tierwelt der Insel stellen die Insekten – ein noch unausgeschöpftes Feld für echte Forscher. Giftschlangen oder andere giftige Tiere fehlen gottlob im Katalog. (Bis auf einen Tausendfüßler, der zurückgezogen ausschließlich unter Steinen wohnt. Also spare man sich das Steinewälzen, der Vulkan kann's ohnehin besser.)

Die Berge

Mit durchschnittlichen Gipfelhöhen über 2000 Meter Höhe stellt die Cumbre de los Andenes ein ansehnliches Gebirge dar. Dieser alte Vulkandom aus teils sogar säulig gegliederten basaltischen Deckschichten ruht auf einem Basaltkomplex aus Tiefenerstarrungsgestein. Der Kamm mit seinen wenig ausgeprägten Kuppen und Felsköpfen liegt wie ein Kragen um den Kessel der Caldera de Taburiente. Auf den Außenseiten dacht diese zentrale Massenerhebung mehr oder minder steil gegen das Meer hin ab. Unbe-

Blick von der Cumbre de los Andenes nach Süden über die Caldera de Taburiente zur Cumbre Vieja.

gehbare Barrancos zersägen die Hänge und formen zahllose Rükken aus, die Lomos, die wie ein Kranz durch Urwald verbarrikadierter Keile hinaufreichen über die Baumgrenze. Gegen die Caldera de Taburiente hingegen stürzen von Tuffbändern durchzogene Felshänge ab. Das Bergwandern dort vollzieht sich daher vorwiegend auf Höhenwegen am Kamm.
Das einzigartige Naturschaustück der in den Vulkandom eingefressenen Caldera entpuppt sich beim Besuch als wasserreiche, grüne Schluchtenwildnis. In diesem felsenumstandenen Amphitheater von 20 Kilometer Umfang und 10 Kilometer Durchmesser liegt einer der bedeutenden, für den Wandertourismus erschlossenen Nationalparks Spaniens. Lange hat man über die Entstehung dieses gewaltigen, 1500 Meter tiefen Kessels gerätselt. Allein durch diese Diskussion wurde der Name *caldera* zur geologischen Fachbezeichnung für eingestürzte Erhebungskrater. Heute glaubt man indes zu wissen: Die palmerische Caldera ist gar keine echte *caldera,* sondern nur ein riesenhafter ausgeräumter Erosionskessel.
Die Cumbre Nueva verbindet den alten Vulkandom mit der Cumbre Vieja im Süden. Diese letztere Bergkette mit ihren 120 Kratern und Vulkanen ist ein jungvulkanisches Gebirge wie aus dem Bilderbuch: Ein Mosaik aus Kegeln, geborstenen Kraterschlünden und erstarrten Lavakesseln; daneben auch schöner Bergwald, ja sogar ein idyllischer Naturpark auf schwarzem Sand. Die Ruhe auf diesem Boden ist freilich trügerisch: Der Vulkanismus hält an. Der letzte Ausbruch fand 1949 statt. Über diese interessante Kette führt die eindrucksvolle „Vulkanroute" (s. Seite 173 ff.).

Klima und Wetter

Das Klima La Palmas gilt als subtropisch-mediterran. Die ausgleichende Wirkung des Meeres läßt die Temperaturen in Küstennähe kaum über 26 Grad steigen; die maximale Schwankungsbreite soll nur 29 Grad betragen. Wir haben als tiefste Nachttemperatur im Winter 6 Grad erlebt. Seltener als auf den östlichen Kanaren stellen sich auf dem afrikafernen La Palma auch die gefürchteten Einbrüche heißer Saharaluft ein. Viel häufiger trocknet in der feuchten Luft die ausgehängte Wäsche nur in der prallen Sonne. Was nichts ausmacht: Im Westen der Insel scheint die Sonne fast doppelt so lange wie in München. Die Ostseite hingegen liegt etwas häufiger unter einer Wolkendecke als der Westen. Mit etwas Nachsicht ist das Dichterwort vom „ewigen Frühling“ alltägliche Wirklichkeit.
Selbstverständlich regnet es gelegentlich auch, gottlob, und manchmal sogar ungemein kräftig. Als Folge der nach Nordwesten vorgeschobenen Lage ist La Palma der Wirkung des Passats stärker ausgesetzt als die anderen Kanarischen Inseln. Mit 800 Millimeter pro Jahr verzeichnet der Nordteil den höchsten Niederschlag im

ganzen Archipel. Darin liegt auch die Ursache für den Reichtum der Insel an fließendem Wasser und üppigem Pflanzenwuchs. Jedoch dauern Niederschläge selbst in der winterlichen Regenzeit meist nicht allzu lang, anhaltende Stauregen fehlen. Statistisch gesehen, sollen die regenreichsten Monate November und Januar sein. Statistisch! Nach eigenen Erfahrungen regnet es mehr im Dezember. Indes gelingt es auch bei Schlechtwetterlagen fast immer, einen besonnten Inselteil zu finden. Das Wetter ist kleinräumig recht unterschiedlich und wechselt auf kurze Distanz.
Viele der Großwetterkreisel, die uns in Mitteleuropa malträtieren, beehren La Palma nur mit bescheidenen Ausläufern. Überwiegend wird die Witterung hingegen durch den aus Nordosten wehenden Passat bestimmt. Der mit Wasserdampf aus dem Meer gesättigte Wind kondensiert beim Aufsteigen an der Gebirgsinsel und bildet in mitteleren Höhen recht häufig eine dicke Wolkenschicht. Bedingt durch die darüberlagernde, trockene Warmluft, entsteht ein nach oben hin scharf begrenztes Wolkenband. Glasklare Sicht über diesem Wolkenmeer erinnert an einen der herbstlichen Föhntage in den Alpen. Allerdings ist auf dauerhaft klare Sicht bei Bergtouren wenig Verlaß. An den meisten Schönwettertagen ziehen Passatwolken auf, die sich am Vormittag ausweiten, um erst in den späten Abendstunden wieder zu verschwinden. Ein früher Aufbruch zur Bergwanderung empfiehlt sich daher in jedem Fall – besonders bei Touren innerhalb der Caldera, da als Folge der hohen Luftfeuchtigkeit in diesem Kessel fast täglich Gewölk daraus hochdampft.
Obwohl kein einziger Tropfen vom Himmel fällt, wird man in den Passatwolken durch den sogenannten „Horizontalregen“ häufig reichlich durchnäßt. Nicht selten sind in den Wintermonaten die Lagen über 2000 Metern auch schneebedeckt. Zu allen Zeiten indes kann Feuchtwind oder gar Sturm in den Höhen die Luft so empfindlich auskühlen, daß man sich sogar Handschuhe wünscht. Andererseits besitzt die Sonneneinstrahlung selbst im Januar und auf Meereshöhe jene Intensität, die sie in den Alpen in Höhen über etwa 3000 Metern erreicht: Ein überraschender Sonnenbrand oder Sonnenstich sind beim Wandern auf La Palma deshalb keine Seltenheit. Auch von Wetter und Klima her hat die Wanderinsel ganzjährig Saison, die besten Wandermonate jedoch liegen hier, je nach Höhenlage, zwischen Mitte Januar und Mai, höher oben zwischen Anfang März bis Mai. Auch der Oktober gehört noch dazu.

Wie eine große Föhnglocke schwappen die ersten Passatwolken über die Cumbre Nueva.

Inselwandern im Gebirge – das Abenteuer

Wegenetz im raschen Wandel

Anders als einige Führer behaupten, ist das Straßennetz La Palmas gut ausgebaut. Auch wenn manch kurviger Abschnitt Vorsicht verlangt, lassen sich doch aus vielen Gebieten der Insel die Ausgangspunkte der einzelnen Wanderungen problemlos erreichen. Der Zeitbedarf für die Fahrt ist also zusätzlich einzuplanen, denn je nach Standort können dies einige Stunden sein. Ein Linienbus verkehrt auf den wichtigsten Routen, jedoch laufen besonders im Nordwesten zu wenig Kurse für Wandertouren, und diese zudem noch zu ungünstiger Zeit. Über die fürs Bergwandern wichtige Caldera-Höhenstraße fährt überhaupt kein öffentlicher Bus. So macht also nur ein Leihwagen den Wanderer im kurzen Urlaub ausreichend mobil – zumal etliche Wirtschaftswege und vor allem die vielen Forststraßen allesamt befahren werden dürfen. Der kleine SEAT reicht dazu weitgehend aus, auf geländegängige Fahrzeuge kann man verzichten. Sie sind ein schönes Spielzeug – für das man zu zahlen hat.
So sehr der anhaltende Straßen-, Forst- und Wirtschaftswegebau auch dem Wandern nützt, so zerstört er andererseits das ausgedehnte Netz alter Fußwege. Von den historischen Königswegen, den teils gepflasterten *Caminos reales,* die einst die ganze Insel durchzogen, blieben vielfach nur Fragmente. Manch bequeme und durchaus wanderwürdige Erdpiste erhielt eine Asphaltdecke und scheidet jetzt für den Wanderer aus, Feldwege und sogar ehemalige Ortsverbindungssteige hat man aufgegeben, weil sie wirtschaftlich nicht mehr nötig waren. Im Gegensatz dazu wurden manche ehedem verkommenen Pfade durch zunehmende Benutzung wieder begehbar. So sind die Wandermöglichkeiten auf La Palma in rascher Veränderung begriffen, Wanderhinweise in der Literatur von gestern besitzen vielfach nicht mehr als Altpapierwert.
Leider fehlen auch zuverlässige Wanderkarten nach dem gegenwärtigen Stand. Die amtliche topographische Karte ist ziemlich veraltet, Wanderwege enthält sie nicht einmal in Andeutung. Was diese Blätter als *camino* oder *senda* ausweisen, kann im Gelände wohl kaum jemand nachvollziehen. Der La-Palma-Teil des Kompaß-Wanderführers „Kanarische Inseln" sowie die Wanderbeschreibungen im ansonsten vorbildlichen „La Palma-Handbuch" von Adam Reifenberger lassen Wünsche offen.

Wanderrevier Nationalpark Caldera de Taburiente.

Wege, Unterkunft und Verpflegung für Wanderer

Nicht mehr benutzte Wege wachsen in La Palmas „ewigem Frühling“ in Kürze zu. Es ist kein Durchkommen ohne Machete abseits begangener Pfade in den Kakteenhängen, in so manchem Buschwald sowie in den Ginsterformationen! Der Fels aus brüchigem Vulkangestein eignet sich ebenfalls kaum zum Begehen oder gar Beklettern, und die Steilhänge im Kiefernwald werden auf dem dicken Filz aus 30 Zentimeter langen Nadeln schnell zur Rutschbahn. So empfehlen sich Wanderungen vornehmlich auf erhaltenen und begangenen Wegen. Weglose Abenteuer reizen zwar ungemein – wir aber möchten gewiß nicht jedes dieser Erlebnisse wiederholen.
In allen Höhenlagen bestehen jedoch auch gebahnte Wandermöglichkeiten. Dies gilt beileibe nicht nur für die ins Auge fallenden Forstpisten, die sich fürs erholsame Gehen geradezu empfehlen. Selbst bis ganz hoch hinauf ins Gebirge trifft man gut begehbare Steige und Wege an. Vielleicht muß man richtiger sagen: wieder gut begehbar. Denn die seit kurzem boomende Wandermode hält diese Pfade offen. Nur selten weisen die Wanderrouten auf La Palma anstrengende Steilstücke auf, kein durchschnittlich Trainierter wird sie als ermüdend oder endlos lang empfinden. Im Gegenteil, wir haben sie vielmehr als vorwiegend kurzweilig und abwechslungsreich schätzen gelernt. Man sieht da so viel Neues! Und ehe man sich versieht, sind die vorgegebenen Zeiten schon überzogen. Kaum merkt man dabei, was auf La Palma wirklich fehlt: nämlich Rundwanderwege.
Besonders eignen sich die von der spanischen Naturschutzbehörde ICONA vorbildlich angelegten und bezeichneten Touristenwege für den Wanderfreund. Man darf sie gut und gern mit den gepflegten Wegen in unseren Alpen gleichsetzen. In den nicht selten felsigen Steilstrecken hat man sie sorgfältig und hinreichend breit hineingeschlichtet. Im weiten Gelände werden die wieder instand gesetzten Steige häufig von auffälligen Steinreihen gesäumt. Allerdings sind nicht alle Führen, die man auf den ICONA-Orientierungstafeln sehen kann, bereits echte „Wege“. Dazu braucht es wohl noch seine Zeit. Außerhalb des Nationalparks fehlen hingegen Wegtafeln sowie fest angebrachte Markierungen weitgehend, und nach dem Sinn gelegentlicher Farbzeichen muß man ebenso suchen wie nach dem Weg. Zur Orientierung ist man meist auf Steinmännchen und ausgelegte Äste angewiesen. Für den nur einigermaßen Erfahrenen ist das aber wirklich kein Problem!
Auf Trittspuren sind nicht selten erstarrte Lavaflächen zu begehen. Rundes Lavageröll erweist sich dabei als wahres Kugellager. Auch

Text unnötig – aber bitte ernst nehmen!

Rollgrus, Lavasand, staubende Asche wie, andererseits, scharfes Gestein kennzeichnen das Wandern auf La Palma. Vorsicht auch vor scheinbaren Abkürzungen! Oft führen sie ins Abseits. Mit wenigen Ausnahmen stellen die nicht von der ICONA betreuten Bergpfade keine Spielwiesen für Gelegenheitstouristen dar. Wer jedoch schon mit offenen Augen irgendwo in den Bergen gewandert ist, kommt nicht nur überall gut zurecht – er wird auch bei seinem Ausflug das Grün der Insel nicht mit Müll versauen.
Für muntere Hüttenabende bietet La Palma keine Voraussetzungen: In den gesamten Hochlagen fehlt jegliche feste Unterkunftsmöglichkeit. Man braucht sie für die Touren nicht! Die verkommene Hüttenruine des „Refugio de la Punta de los Roques" am Calderakamm mag benutzen, wer im Dreck biwakieren will. Auch Discosound, Fast food und Getränke gibt es im Gebirge nicht. Noch nicht ... Wasser am Berg kann man außerhalb der Caldera nur an wenigen Stellen finden, und die sind oft ausgetrocknet. Durstige Seelen nehmen daher alles Trinkbare mit. Wir haben da stets den Landwein bevorzugt – natürlich verdünnt!

Wandernder Konkurrenz begegnet man, außer auf dem Weg zur Hüttenruine und dem zum Pico de la Nieve, nicht allzu oft. Noch ist das Gebirge über weite Strecken menschenleer. Hilfe im Falle eines Falles zu erhalten, wäre deshalb ein Glücksfall. Nur auf einigen Routen kommen regelmäßig geführte Wandergruppen auf ihrem wöchentlichen Spaziergang vorbei. Stundenlang darf man so in Stille und Einsamkeit diese grandiose vulkanische Gebirgslandschaft genießen. Das nachhaltigste Erlebnis bleibt dabei wohl der freie Blick von den Höhen auf die endlose Weite des Meeres, auf den Atlantischen Ozean und die bewegten, wattigen Wolkengebirge, die das Bergwanderland La Palma umschließen.

Was man dabeihaben sollte – die zweckmäßige Ausrüstung

Die so hartnäckig in Insel-Wanderführern hervorgehobene Signalpfeife ist sicher nicht das wichtigste Requisit. Wer allein geht, kann eben nicht mit Hilfe rechnen. Ein alpines Rettungssystem gibt es auf dieser Insel ebensowenig wie einen alpinen Verein. Viel wichtiger sind auf der wasserreichen Sonneninsel knöchelhohe Trekkingschuhe – möglichst wasserfeste. Turnschuhe benutzt hier nur der, dem die Gesundheit seiner Füße gleichgültig ist. Die aus den Alpen gewohnten Teleskopstöcke schonen auch hier Fuß- und Kniegelenke. Vorteilhaft auf Lavagestein und Grus!
Auf einen leichten Goretex-Anorak oder ein ähnliches Erzeugnis mit Klimamembran verzichtet im Inselgebirge nur, wer im Passatgewölk patschnaß werden will. Auch wer im häufigen feuchten Wind frieren mag, kommt ohne aus. Die schweren alpinen Ausführungen, sogenannte Z-liner, belasten unnötig, da man sie doch häufiger im Rucksack als am Körper trägt. Billige Kaufhaus-Wanderjacken mögen in mittleren Lagen genügen, ein angenehmer Wetterschutz für längeres Wandern sind sie nicht.
Als Beinkleider dienen je nach Temperatur, Shorts oder leichte, knöchellange Trekkinghosen aus Stoffen wie Tactel. Die schützen vor auskühlendem Wind, stacheligem Unterholz und spitzem Gestein. Trekkingsocken, moderne Wanderunterwäsche sowie Pulli und T-Shirt, doppelt gewebt, nehmen keine Feuchtigkeit auf; sie führen den reichlichen Subtropen-Schweiß ab, ohne den Körper auszukühlen. Reine Baumwollgewebe nässen durch und trocknen in feuchter Luft schlecht. Hemden aus Flanell sind ungeeignet.
Das bunte Rucksack-Leichtgewicht gehört auf La Palma fast zum gewohnten Straßenbild. Aber reißfest, besonders an den Trägern, sollte die Rückentüte auch sein.

Ein leichter, möglichst sogar wasserfester Trekkinghut beschattet die Haarpracht und das darunter befindliche Denkerhaupt. (Reichlich) Sonnenschutzmittel mit hohem Schutzfaktor nicht vergessen! Auch abgehärtete Bergwanderer sollten die Kraft der Sonneneinstrahlung in dieser klaren Luft nicht unterschätzen. Warum wohl hätte man sonst diese Insel als Standort eines bedeutenden europäischen Observatoriums gewählt?
Durch alle von Ernährungswissenschaftlern angepriesenen Ratschläge lasse man sich nicht verwirren. Zur Brotzeit beim Wandern und am Berg nehme man mit, was das Land bietet: Obst und Gemüse, besonders Paprikaschoten, Avocados, Bananen, auch Schinken, spanische Wurst, Ziegenkäse, Brot und Wein. Mandeln und Feigen im Sack nicht vergessen. Auch das Essen ist ein Teil des Inselabenteuers. Und wer sich darüber hinaus noch belasten will, verzichte nicht auf die gewohnte Fotoausrüstung.

Und wenn man mehr wissen will …

… dann nehme man die nicht eben reiche deutschsprachige Literatur zur Hand, die der Leser im Anhang aufgeführt findet. Dieses Verzeichnis erhebt keinen Anspruch auf Vollständigkeit, bemüht sich aber, möglichst viele Bereiche zu berücksichtigen. Ein äußerlich unscheinbares Büchlein empfehle ich ganz besonders: das mehrfach genannte „La Palma-Handbuch“ von Adam Reifenberger.
Wer aber die Adressen der Informationsstellen sowie andere wichtige Hinweise sucht, der schlage im „Kleinen Bergwander-ABC“ am Ende dieses Buches nach. Denn schließlich will das ganze Buch, daß Sie gerade aufgeschlagen in Händen halten, seinen Teil dazu beitragen, daß Sie aus Ihrem Urlaub möglichst viel machen können. Viel Spaß und Erfolg! Glückliche Wandertage!

Am Steinmann des Aussichtsberges Pico de la Nieve beginnt das Höhenwandern am Calderarand mit Blick auf die Weite des Ozeans. ▷▷

Schatzkästlein Santa Cruz – ein Rundgang

Wenn man vom nahe gelegenen Flugplatz auf der modernen Straße nach Santa Cruz fährt, sieht zunächst gar nichts nach „Schatzkästlein" aus. Auch die Ankunft im südlichen Stadtteil verrät nichts von baulichen Schätzen. Die üblichen Hafenanlagen, lebhafter Containerbetrieb am Kai, lärmendes Verkehrs-Rondell vor dem Post- und Telegraphenamt. Wie in Monte Carlo stehen darüber die hohen Kästen einer südländischen Hafenstadt am steilen Hang.
Wer sich nur mit der lauten Straße entlang dem schmalen Ufersaum begnügt, muß sich mit einem blassen Eindruck bescheiden. Einige Kaffeehaustischchen am Trottoir, das staatliche Hotel „Parador" im altspanischen Stil und die viel fotografierte Häuserzeile mit den kanarischen Balkonen – leider etwas ungepflegt. Aus dieser Durchfahrtsperspektive schrumpft die Insel-Hauptstadt zu einer Masse von Häuserwürfeln zusammen, aus der kaum die Kirchtürme hervorlugen. Bescheiden duckt sich das Spielzeugfort *Santa Catalina* in diese Front. Husch – schon ist die Stadt vorbei.
Man muß schon an der Küste nach einem Parkplatz suchen und zu Fuß in die Stadt eintreten. Gleich hinter den ersten moderneren Renommiergebäuden liegt die *Calle Real* (heute: *O'Daly*), Bummel- und Shoppingmeile von Santa Cruz, mit offenen Foto- und Souvenirläden, mit Boutiquen und Elektronikshops. Bilder, Bücher, Modeschmuck, Asiatica, ein Hauch von Übersee. Sieht man über die Köpfe der Flanierenden dann genauer hin zur Häuserfront auf der Bergseite, so entdeckt man die *Casa Salazar*, das herrschaftliche Haus der Familie Salazar. Allein schon die ansehnliche Renaissancefassade aus dem 17. Jahrhundert sollte aufmerken lassen. Kostbarer noch ist das Innere, mit seinen den Innenhof umlaufenden Holzbalkonen. Vier Stockwerke mit der für die Kanaren typischen Kombination von geschnitztem Holz und Stein. Die Casa Salazar beherbergt sehenswerte Wechselausstellungen. Ein jeder darf das Bauwerk betreten, und das sollte er auch! Dieses Patrizierhaus ist das auf der Insel wohl interessanteste Beispiel für ein solches Herrenhaus, das den Reichtum der einst auf La Palma herrschenden Familien repräsentiert.
Ein Stück weiter erreicht man wieder einen äußerlich eher schlichten Renaissancebau mit kostbarem Innenhof, das Haus des Landvogts Arce y Rojas. Am nördlichen Ende der Calle O'Daly öffnet sich

Treppen, Portale, Gäßchengewinkel unter kanarischen Häuserfronten in Alt-Santa-Cruz.

der Mittelpunkt der alten Kanarenstadt, die dreieckige *Plaza España.* Ein feines Ensemble historischer Stadtarchitektur um den Renaissancebrunnen von 1588 mit Kirche, Patriziergebäuden und Rathaus. Die Statue des ob seiner liberalen Predigten von der Insel verbannten Pfarrers Manuel Hernández Diaz blickt steinern auf das Treiben am Kirchplatz, auf neugierige Touristen mit Videokameras und auf Palmeros, die auf den Bänken ihrer Ruhe pflegen. Dazwischen mitunter auch auf Pärchen schmutzstarrender Weltenbummler, die – peinlich gemieden, aber verhohlen begafft – im Angesicht der Kirche genüßlich ihre Mahlzeit verspeisen: wie zum Affront direkt vor dem „Tourist Office", dem Insel-Reisebüro der bürgerlichen Welt.
Das bemerkenswert schöne Renaissanceportal über der monumentalen Freitreppe am Abschluß der Plaza España lädt ohne Umschweife zum Eintreten in die Hauptpfarrkirche *San Salvador* ein. Die wurde nach der Brandschatzung der Stadt durch den Piraten Leclerc ab 1559 in mehreren Phasen errichtet. Allein die Holzdecke im Mudéjar-Stil, die als die schönste auf den Kanarischen Inseln gilt, lohnt die Besichtigung. Eine bedeutende Skulptur der flämischen Schule aus dem frühen 16. Jahrhundert birgt der zweite Altar des rechten Seitenschiffes, die Kreuzigungsgruppe „El Cristo de los Mulatos". Der Name erinnert an eine Sklaven-Bruderschaft, die sich unter ihren Schutz gestellt hatte. Einige weitere Barockskulpturen und Weihwasserbecken sollte man nicht übersehen. Besonders aber muß man den Gesamteindruck der großen Kirche in Ruhe auf sich wirken lassen. Er bildet gemeinsam mit den Palästen der herrschenden Familien den Zugang zur christlichen Vergangenheit dieser „Königsinsel" La Palma.
Der Kirche gegenüber begrenzt eine stilreine Front restaurierter Patrizierhäuser die Plaza. Eine wohlproportionierte Kulisse, die den spanischen Stolz dieses Wirtschaftszentrums ausdrückt. Auf der Seeseite, ein wenig abgesetzt, die Renaissancefassade des *Rathauses* mit Bogengang. Die Front dieses 1559–1563 errichteten Gebäudes zeigt das Wappen La Palmas und das Medaillon Philipps II. Innen ein geschnitzter Treppenaufgang und unter der prächtigen Kassettendecke Wandbilder mit Auswandererszenen aus dem letzten Jahrhundert: ein wenig Nachhilfeunterricht in jüngerer Inselgeschichte.
Um die Ecke, an der *Avenida del Puente,* entdeckt man mühelos weitere interessante *palazos.* Auch die Fortsetzung der Calle O'Daly enthält noch einige sehenswerte Patrizierhäuser. Ein paar Schritte weiter folgt das Karree mit den Stadthotels. Dahinter versteckt sich das kleine Fort *Santa Catalina.* Kaum zu glauben, daß

Mediterrane Straßencafés zur Rast beim Stadtbummel.

diese nach dem Überfall des Piraten Leclerc errichtete Miniaturfestung jemals zu etwas anderem nutze war, als heute darauf nostalgische Volksfeste zu feiern. Wie die Geschichte indes lehrt, vermochten ihre Kanonen, gemeinsam mit den Geschützen des *Castillo de la Virgen,* höher oben am Berg, Seeräuberangriffen erfolgreich zu trotzen. Kastelle, seetüchtige Schiffe und Stadtplätze wie die Plaza España genügten eben im 17. Jahrhundert noch einer uns Heutigen ungewohnt bescheiden wirkenden Vorstellung von „Größe“. Wirklich groß waren nur die Kirchen.

Hier, an der Nordecke der Altstadt, überrascht das lebensgroße Modell der Kolumbus-Kogge *Santa Maria.* Man kann hineingehen und im Schiffahrtsmuseum Zeugnisse der christlichen Seefahrt bestaunen. Christoph Kolumbus soll zwar nie auf La Palma gewesen sein; wenn sein nachgebautes Museumsschiff dennoch hier auf dem Trockenen strandete, mag dies an die längst vergessene Tatsache erinnern, daß Santa Cruz zu Zeiten der Segelschiffe der drittgrößte Hafen Spaniens war.

Der Rückweg führt über *die Plaza de la Alameda* mit dem historischen Kreuz der „Conquista“. Gleich danach wird die *Iglesia San Francisco de Asis* passiert. Im 16. und 17. Jahrhundert in Abschnitten erbaut, besticht auch sie durch ihre finstere Größe sowie durch ihre Holzdecken. Die oberste Nische des Hauptaltars enthält zudem eine spätgotische Madonna der flämischen Schule.

Inmitten alter Gassen die Kanaren-Kapelle San Sebastián.

Im ehemaligen Franziskanerkloster hinter der Kirche logiert das *Museo Insular.* Seine Exponate aus Geschichte, Kultur und Natur der Insel lehren La Palma ein wenig besser verstehen, gleich, ob man ernsthaft interessiert oder nur neugierig die Gänge betritt. Nach all den vielen Schaugenüssen komme auch der ob so viel Augen- und Hirnlastigkeit empört knurrende Magen zu seinem Recht. Kultur ist schließlich auch etwas für den Gaumen. Und damit es keinen Stilbruch gibt, wartet in der Altstadt so manches stilecht-historische Etablissement auf zahlende Gäste.
Noch so manche Entdeckung wird der Streifzug über die charakteristischen Treppen und durch die verwinkelten Gassen bescheren. So die kleine stimmungsvolle *Sebastianskapelle,* die für die Insel typische Kapelle *Nuestra Señora de la Encarnación* mit flämischer Verkündigungsgruppe aus dem frühen 16. Jahrhundert und, nicht zu vergessen, *Santó Domingo* mit Mudéjar-Decke und alten flämischen Gemälden. Santa Cruz bewahrt viel an alter Kultur!
Ob sich diese Eindrücke noch steigern lassen? Urteilen Sie selbst! Steigen Sie eine Stunde hinauf über steile Wege zum Wallfahrtsbezirk der „Jungfrau vom Schnee“. Nicht, weil Schnee nun einmal

den Bergwanderer reizt – echten Schnee gibt es dort nicht. Dafür aber angenehmen Schatten unter den Bäumen am Kirchplatz. Das stimmungsvolle Geviert, auf einem Vorsprung am Hang gelegen, wird seeseitig durch ein eindrucksvolles altes Gebäude begrenzt. Sollten sie mit dem Wagen hinauffahren, stehen Sie plötzlich davor. Stellen Sie ihr Gefährt auf dem versteckten Parkplatz hinter der Kirche ab. Versäumen Sie nicht, in die Wallfahrtskirche *Nuestra Señora de Las Nieves* hineinzuschauen!
Abschnitt für Abschnitt wurde dieses Bauwerk seit dem 16. Jahrhundert errichtet. Sein Raumeindruck ist bezaubernd. Eine andachtsvoll abgeschirmte Welt im Dämmerlicht, jenseits aller kanarischen Helligkeit. Magisch zieht der vierstufige Barockaltar aus getriebenem Silber den Blick auf sich. Übersehen Sie nicht die altflämische Kreuzigungsgruppe und die Madonna mit den Engeln. „Maria vom Schnee", die Schutzherrin der Insel, wird alle fünf Jahre in einem bombastischen Volksfest hinunter nach Santa Cruz geführt. Erzengel Michael, der Namenspatron der Insel, leistet nur kirchliche Hilfsdienste. „Nuestra Señora" war zur Zeit unseres Besuches anwesend. So haben auch wir uns ihrem Schutz befohlen – und Wanderglück erlebt.
Zum Abschluß des ausgedehnten Stadtrundgangs haben wir dann am *Mirador de la Concepción* haltgemacht: wieder vor einer kleinen Kanarenkirche mit dem typischen Balkon über dem Haupteingang. Welch eine Schau vom Mirador! Stadt und Umland liegen wie auf dem Tablett vor dem Betrachter, hineingeschmiegt in die Barrancomündungen und in die steilen Berghänge. Eine südländische Gebirgsstadt auf Meereshöhe, ein Symbol für La Palma. Nur von den namengebenden Palmen sahen wir lediglich spärliche Reste. Offensichtlich haben auch sie im Lauf der christlichen Geschichte das Zeitliche gesegnet. Wie die Ureinwohner, die Guanchen. Santa Cruz de la Palma ist durch und durch eine spanische Stadt.

Pittoreske Häuserzeile am Ufer in Santa Cruz. ▷▷

Spaziergänge, kleine Ausflüge, Genußbummeleien

Wer hat sie jeh gezählt, diese unzähligen Möglichkeiten, auf La Palma umherzustreifen in Gottes freier Natur. Noch ist hier nichts durch „Urbanisation" verdorben. Nahezu nichts wird verschandelt durch Hotelsilos oder Appartementkasernen für die Urlaubermassen. Selbst verschlossener Privatgrund um Ferienvillen und Bungalows versperrt erst in einigen Gebieten der Insel den Zutritt zu größeren Landschaftsflächen. So greifen hier noch die alten, allgemein zugänglichen Karrenwege und Fußsteige einer überkommenen Agrarstruktur von fast allen Dorfrändern aus in den landwirtschaftlich genutzten Raum.
Früher oder später hören sie zwar fast alle auf, diese Wege und Pfade – was aber tut das schon für Spaziergänge! Das aus unseren Gebirgen vertraute Geflecht miteinander verbundener Wege fehlt auf La Palma, oder es ist nicht mehr intakt. Denn so manche der alten Fußsteige sind zugewachsen oder gar vom modernen Straßenbau zerstört. Zudem stellt in den meisten Regionen das stark zerschnittene Geländerelief Querverbindungen erhebliche Hinder-

nisse entgegen. Rundwege sind daher rar. Und wenn, dann kommen sie oft nicht mehr aus ohne einen Marsch auf Straßenasphalt. Suchen Sie nicht erst lange nach den zumeist fehlenden Wegweisern, nicht nach festen Markierungen. Die Insel hat ihre touristische „Unschuld“ bewahrt; noch dürfen Sie den Reiz des Selber-Entdekkens erleben. Machen Sie es einfach wie zu Hause: Halten Sie irgendwo an, und gehen Sie den nächsten Feldweg hinein! Sofern Sie auf Abenteuer querfeldein verzichten und vor allem die Felsflanken der Barrancos meiden, kann Ihnen hier nicht viel passieren. Wilde Tiere gibt es nicht – Sie sind nicht in der Wildnis. Vielmehr spazieren Sie weitgehend durch eine historisch gewachsene Kulturlandschaft, Sie treffen immer wieder auf die steinernen Behausungen der Einheimischen – und das vor der unvergleichlichen Kulisse einer vielfältigen, fremdartigen Pflanzenwelt. Aber, bitte, prägen Sie sich bei allem Staunen Ihren Weg ein, damit Sie wieder zurückfinden.

Zusätzliche Ausflugschancen bieten die zahlreichen Forstpisten, die quer durch die Wälder und weit hinauf ins Gebirge führen. Kluge Leute haben es ausgemessen: Spätestens alle 5 Kilometer zweigen solche unbefestigten Erdsträßchen von den Autostraßen ab. Darauf läßt es sich prächtig bummeln. Füße, Herz und Kreislauf werden dabei geschont, der Kopf bleibt frei für die vielen neuen Eindrücke. In nicht allzu weiter Entfernung tauchen die meisten dieser notfalls sogar befahrbaren Pisten in den lichten Schatten des Waldes ein, ziehen sich ohne viel Steigungen durch die Säulenhallen aus Kanarenkiefern. Die wiederum meinen es mit den Ausflüglern besonders gut: Sie legen mit ihren abgeworfenen, 30 Zentimeter langen Nadeln einen echten Nadelfilzteppich für ihre Gäste aus.

Genußbummeleien, selbst für erholungsbedürftige Senioren, gibt es überall auf der Wanderinsel. Harmlos und sicher. Ihre Zahl ist in der Tat viel zu groß, um sie alle einzeln aufzuführen. Hier sollen nur einige wenige charakteristische Beispiele die ganze Vielfalt umreißen. Ziehen Sie los, gehen Sie selbst auf Entdeckung! Aber vergessen Sie nicht, sich einen leichten Anorak umzubinden und feste Schuhe anzuziehen. Sie sind beim Spaziergang in der freien Natur, nicht in einem betreuten, bewachten Landschaftspark. La Palma ist kein domestiziertes Disneyland. Wirken auch Sie durch Ihr Verhalten mit, daß dies so bleibt. Für alle Freunde dieser verwöhnten Landschaft.

Ohne „Urbanisationen“ Umherstreifen in der freien Inselnatur.

1 Kleiner Ausflug bei El Paso

Durch einen sanften Barranco zur Petroglyphenwand

Start/Ziel: *El Paso, Calle Verde Urrula.*
Höhenunterschied: 150 m.
Gehzeit: Insgesamt 2 Std.
Route in Stichworten: Auf Steinweg in den *Barranco de Tenisque* hinab – Barranco queren – jenseits auf Pfad ansteigen – bei Öffnung im linken Steinwall nach links – auf Steig hinauf zum Petroglyphenwändchen *La Fajana*; gleiche Route zurück.

Der erste hastige Anlauf war ein Fehlschlag. Er endete an den aufgeschütteten Massen unter dem Schulareal. Der Weg in den Barranco hinunter: zerstört. So fuhren wir also kreuz und quer durch den Ort *El Paso* auf der Suche nach dem rechten Ausgangspunkt. Und landeten schließlich wieder an der bekannten Tankstelle. Vielleicht weiß der Tankwart was – Fragen kostet nichts. „Ach ja, die berühmte Petroglyphenwand: Da fahren Sie nun gleich gegenüber in den Ort hinein, an der offenen *plaza* vorbei, noch eine Kreuzung weiter, und biegen dann rechtwinklig links hinter dem *Centro Sanitario* ab. Und dann immer geradeaus! Nein, der Sozialwohnungsblock aus Ihrer Führerbeschreibung existiert nicht mehr. Aber geradeaus durch die Kreuzung hinter dem Centro Sanitario kommen Sie in die *Calle Verde Urrula,* und dort lassen Sie am Ende der asphaltierten Straße den Wagen stehen."
Gesagt, getan. Den Wagen geparkt, die Schuhe gewechselt. Vis à vis vom letzten Haus. Links geht ein Feldweg ab, geradeaus ein alter Pflasterweg. Steinmäuerchen trennen ihn vom Agrarland. Ganz altpalmerisch sieht er aus – aber führt er zur Petroglyphenwand? „Ja, gehen Sie nur hinunter", bestätigt die Frau, die gerade die Garage verschließt. Und jetzt gibt es auch keinen Zweifel mehr. Das alte Feldsteinpflaster führt in einer Kehre hinunter auf den Grund des flachen Minibarrancos. Schräg gegenüber ein unbewohntes Haus mit Säulenveranda. Die Hausnummer tut nichts zur Sache – in unserem Führertext war sie falsch angegeben. Wie auch die exakten Entfernungsangaben nicht zutrafen. Aber so genau nimmt's auf La Palma eh niemand.
Vor dem Zugang zu diesem Haus führt ein offensichtlich angelegter Pfad an einem Wassertank vorbei und an einem Steinmäuerchen ein Stück aufwärts. Sobald an dieser aufgeschlichteten Steinbegrenzung linker Hand ein Durchbruch zu entdecken ist, geht es nach links hinein zu einer Wiese mit Mandelbäumen. Ein gelegent-

Die grüne Mulde von El Paso, Basis vieler Wanderrouten.

lich mit weißen Nummern versehener Pfad steigt empor, begleitet von Opuntien und anderen Sukkulenten. Und hier bitte nicht ungeduldig werden! Keinesweg nach 50 Metern, sondern nach viel mehr steht man plötzlich vor einem Holzgitterchen. Untrügliches Zeichen für den Schutz einer für die Kulturgeschichte der Guanchen bedeutenden Fundstätte. Die nicht mehr sehr deutlichen Zeichen sollen einmalig auf den Kanaren sein: Sonnen- und Augenmotiv erinnern nach La-Palma-Kenner Reifenberger an „Steinreliefs des prähispanischen Mittel- und Südamerika". Nehmen Sie als Souvenir von diesen eigentümlichen Ritzungen nur die Erinnerung und vielleicht ein Foto mit.

Zum Abschluß haben wir den *Barranco de Tenisque* noch aufwärts verfolgt, bis zu den Felsabsätzen hinter der Schuttböschung unter dem Friedhof. Wir fanden noch manches Zeichen menschlicher Anwesenheit, viele unerwünschte Zeichen, nicht aber die hier vermeldete Guanchenskulptur. Dies mag an unserer Unerfahrenheit in solchen Dingen gelegen haben, an unserer mangelnden archäologischen Schulung. Vielleicht aber steht die Skulptur auch längst anderswo. In einer Privatsammlung? Macht nichts, für uns an allem interessierte Amateure war dies ohnehin nicht nur eine Entdekkungswanderung in La Palmas uralte Vergangenheit, sondern eher ein höchst interessanter Zeitvertreib. Eine Genußbummelei, die uns auch ein Stück Natur und Kultur dieser Wanderinsel kennen und damit schätzen gelehrt hat.

2 Ein Mirador für jedermann

Kurzer und müheloser Fußmarsch zum schönsten Aussichtspunkt über der Caldera

Start/Ziel: Parkplatz *La Cumbrecita*, erreichbar auf der Regionalstraße von *El Paso* aus.
Höhenunterschied: Unerheblich.
Gehzeit: Insgesamt 1 Std.
Route in Stichworten: Vom Parkplatz nach SW auf breiter Piste zum Aussichtspunkt und zurück. (Rückweg auch unterhalb dieser Piste auf Steig möglich.)

La Cumbrecita – historischer Boden. Hier haben die spanischen Invasoren den heldenhaften Verteidiger seiner Heimat aus dem Hinterhalt überwältigt. In hinterlistiger Absicht zu „ehrenvollen Gesprächen unter Caballeros" aus seinem Reich, der Caldera de Taburiente, gelockt, wurde der im Kampf unbesiegte Guanchenfürst Tanausú mit seinen Begleitern am Morgen des 3. Mai 1493 gefangengenommen. Erst durch diesen Wortbruch konnte der Andalusier Alonso Fernandez de Lugo, Gouverneur der spanischen Krone auf Gran Canaria und General-Handlungsbevollmächtigter der La-Palma-Eroberungs-KG, die Insel in Besitz nehmen. Und dieses Geschäftsinteresse wurde auch noch mit der Bekehrung der heidnischen Guanchen zum katholischen Glauben kaschiert.
Wer heute von der *Carretera general* östlich von *El Paso* her durch Gartenlandschaft und Pinienwald auf gutem Sträßchen die Paßhöhe von La Cumbrecita ansteuert, merkt freilich nichts mehr von der blutigen Geschichte der „Conquista". Vergangen, vergessen. Nach munterer Kurverei bergauf weist ihn ein Beamter der spanischen Nationalparkverwaltung auf dem knappen Parkplatz am Scheiderücken ein. Das Einparken ist hier zwar ungefährlich, jedoch nicht immer einfach. Und wer zu spät kommt, der hat eben, wie überall, das Nachsehen.
Das erste, was auf La Cumbrecita auffällt: Man hat keine Aussicht von hier. Das zweite sind eben die Fußgänger, die sich nach Norden und Süden bewegen. Ihr nördlicher Bewegungsdrang endet gegenwärtig sehr schnell unter den aufragenden Wänden eines riesigen Felszahns hoch über der Paßschneide. Die ICONA-Orientierungstafel mit einer Kartenskizze des Nationalparks verzeichnet zwar

Felszirkus der Caldera de Taburiente vom Mirador de los Chazas (unweit vom Parkplatz La Cumbrecita).

einen Steig von La Cumbrecita in die Caldera, sagt aber nichts darüber, daß dieser in die Felsen gegrabene Pfad schon etliche Todesopfer gefordert hat; Grund: Überschätzung der eigenen Fähigkeiten auf diesem überaus langen Felsenweg. Zur Zeit weist ein angeklebter Zettel lediglich darauf hin, daß der Weg gesperrt ist. Wegen Bauarbeiten.
Nach Südwesten hingegen zieht eine breite und sanfte Piste wie ein Magnet die Mehrzahl der Besucher an. Ohne Hinweisschild setzen sie sich auf diesem vorgegebenen Auslauf in Marsch. Grüppchenweise zieht alles auf der ausgeschobenen und gut unterhaltenen Trasse durch die Hangfalten des *Pico Bejenado* entlang. Viele schließen hier erstmals Bekanntschaft mit den steilen Waldhängen. Daß sie tief hinabschießen, spürt man. Wie es aber dort unten aussieht, verbirgt der Kiefernbestand, der tief gestaffelt die nadelbedeckten Hänge emporklettert. Zwischen den Pinienwipfeln scheint hier und da ein Stück ferner Calderafels durch, manchmal auch das kantige Haupt des Bejenado.
In einer der Einbuchtungen erblickt man schließlich einen Geländesporn, einen Lomo, auf dem offensichtlich der Ausflug zu Ende ist. Es wird zusehends lichter im Wald, neugierig schiebt der Lomo seine Nase aus dem grünen Pelz heraus. Da – mit Holzgeländer säuberlich abgesichert, ein angelegter Aussichtspunkt, ein Mirador: der *Mirador de las Chozas.* Und hier entrollt sich mit einem Mal beinahe der ganze Prospekt des Felsenzirkus rund um die Caldera. Braungrauer Stein, zerrissen, wie abgestürzt. Eine gewaltige Wandflucht, gebändert, gestreift. Über dem leicht gewellten oberen Rand der Felsen das knallige Blau des Himmels über dem Atlantik. Ein Postkartenmotiv. *Das* Postkartenmotiv von La Palma. Ich gestehe, auch ich habe diese Karten an meine Freunde verschickt. Denn ich kenne kaum einen anderen leicht erreichbaren Foto-Standpunkt, der eindrucksvoller die ganze Wucht der Gebirgsinsel La Palma zeigt.
Wer sich traut und Abwechslung mag, wählt nach gebührender Bewunderung des Panoramas zum Rückweg eine andere Route: den Fußsteig nämlich, der kurz vor dem Mirador in den Hang unterhalb der Piste hineinzieht. Schmal, jedoch gut gebahnt, ist von da der steile Bergwald viel unmittelbarer zu erleben als von der parallel verlaufenden Straße aus. Auf zierlichen Brückchen überquert der Pfad einige seichte Wassergräben, knickt um kleine Hangkanten und mündet endlich nahe an einer Brunnenstube in eine Furche, genau unterhalb von *La Cumbrecita.* Am Rücken vor diesem Einschnitt leitet zum Schluß eine alte Wegtrasse steil das kurze Stück zur Paßhöhe empor.

3 Drachenbäume und Wohnhöhlen

Spaziergang durch eine exotische Hochufer-Landschaft im stillen Nordwesten

Start/Ziel: *Las Tricias,* erreichbar von der *Carretera general Puntagorda–Hoya Grande* im NW der Insel.
Höhenunterschied: Etwa 200 m.
Gehzeit: Insgesamt 2 Std.
Route in Stichworten: Am westlichen Ortsende von *Las Tricias* an Rechtskurve der Regionalstraße, teils auf Steig, teils auf Fahrweg nach *La Verada* und weiter hinab – bei horizontal querender Straße (Autowracks) nach rechts – ersten Steig links auf den Geländesporn bei *Buracas* (einzelne Häuschen) soweit als möglich hinunter; gleicher Weg zurück.

Für gewöhnlich fährt man auf Ausflügen in den Nordwesten der Insel an der Abzweigung nach *Las Tricias* vorbei. Vom Hinweisschild nimmt man kaum Notiz. Dabei geht hier eine durchaus interessante kleine Straße nach *Garafia* ab, die nun eine bislang wenig besuchte Gegend erschließt. In dünn besiedelter Landschaft durchquert das neue Asphaltband die Barrancos und gewährt dabei wiederholt Ausblicke aufs Meer. Die Rückfahrt kann auf der üblichen Kommerzialstraße über *Llano Negro* erfolgen, auf der *Carretera general.* Auch dieser vom Tourismus noch kaum beleckte Inselteil bietet kleinere Ausflüge zu Fuß. Eine der Möglichkeiten, hier zu spazieren, ist ein kurzer Abstecher in die Nähe der Wohnhöhlen von *Buracas.*

Nach der bezeichneten Abfahrt von der Kommerzialstraße, einige Kilometer hinter der neuen Tankstelle von *Puntagorda*, zwängt man sich mit dem Wagen durch das Ortszentrum von *Las Tricias* hindurch. Dort, wo unterhalb der geschlossenen Siedlung die Neubaustrecke zum Rechtsbogen in den ersten Barranco ansetzt, läßt man irgendwo den Wagen stehen. Direkt zwischen zwei alten Steingebäuden trifft man auf einen Fußweg. Durch offene Mandelbaumwiesen und Gärten führt er bergab in Richtung auf das Meer. Kleine Anwesen am Wegrand, Gehöfte, Blumen, Blüten ... Mal Fahrweg, mal Fußspur, vorbei an der *Casa blanca*, einem weißen Haus von eigenwilliger Architektur, hält sich die Route im großen und ganzen an einen gegen Nordwesten streichenden Rücken. Erst nach dem letzten der Häuschen nähert sich die Spur dem Abbruch zum mächtigen *Barranco Izcagua,* der die Landschaft der Hochküste teilt.

Kurz nachdem gerade voraus die charakteristische Silhouette eines altertümlichen Windrades vor der Meeresfläche zu sehen ist,

Drachenbäume, Steinhütten im Grünen und Meer: typisch palmerisches

quert von der rechten Landseite her eine breite Erdpiste, schlägt am Barrancorand einen Haken und windet sich abwärts um den Windrad-Buckel herum. Hier nicht geradeaus weiter bergab, sondern nach rechts, wo Autowracks als ungebetene Randsteine fungieren. Sobald aus diesem schockierenden Rostmilieu ein Steinpfad nach links entflieht, folgen Sie dieser Verlockung in Richtung Meer. Ein Spaghettibündel von abwärtsstrebenden Wasserrohren hilft bei der Orientierung. Auf den Steintritten dieses mit Mäuerchen eingefaßten Weges bleiben Sie nun bis zum Umkehrpunkt. Und hier wird Sie das Staunen überkommen: Sie erleben ein La Palma fast wie im Märchen.

Es wäre schon die Kraft eines Dichters nötig, um diese Bilder mit Worten zu malen: die satten Farben, die exotischen Formen, die Gewächse, den Duft. Und immer wieder diese Ausblicke aufs Meer! Sukkulenten und wildes, sparriges Buschwerk umringen das Gehege der Gärtchen, der Wiesenflecken mit ihren kaum mehr gepflegten Nutzbäumchen. Dazwischen vereinzelt die rot gedeckten palmerischen Knusperhäuschen – aus denen nur deutsche Laute zu hören sind. Besonders aber werden in dieser lässig kultivierten Wildnis die Drachenbäume Ihr Interesse fesseln. Sie stehen mitten drin in einem ungestört wachsenden Hain dieser Urweltgestalten.

Landschaftsbild bei Buracas unterhalb Las Tricias.

Befühlen Sie diese Veteranen. Wer weiß, wie lange es sie noch gibt. Weiter bergab zieht der Pfad über diesen mit Ausblicken und begeisternden Bildern so reich gesegneten Geländesporn, passiert die Gehäuse der Überwinterer, die sich dem einfachen Leben verschrieben haben. Irgendwann schleichen sich links im Gebüsch verwachsene Spuren durch eine Mulde hinüber zur Piste um den Windrad-Buckel. Und rechts ginge es reichlich verworren und etwas wagemutig hinunter in einen seichten Barranco. Seine jenseits aufsteigende Flanke sieht in ihren felsigen Abbrüchen aus wie durch Löcher ausgefressen – ein Wohnhöhlensystem der Guanchen. In der nahen Vergangenheit hat das freilich weniger würdige Nachfahren beherbergt, nämlich eine Aussteigerkolonie. Die Guanchen sind ausgerottet, und die modernen Höhlenmenschen scheinen jetzt ausgeflogen zu sein. Vielleicht zu neuen Zielen. Wohin ihnen dann der Tourismus zweifellos folgen wird.
Leider endet der Märchenpfad an der Spitze des Sporns, die Brandung in der *Izcagua*-Barrancobucht in Sichtweite. Dazwischen liegen jedoch grün bebuschte Felsabstürze. Kein Steig. Wer sich da nicht zur Umkehr entschließen mag, lebt vielleicht heute noch dort. Womöglich glücklich und in Frieden: in einem klitzekleinen Zipfelchen vom natürlichen Paradies.

4 Spaziergang zum unbekannten Vulkan San Juan

Kleiner Verlegenheitsausflug durch schwarzen Sand zur Vulkanspalte

Start/Ziel: Parkmöglichkeit an der ersten deutlichen Linkskehre der Regionalstraße nach *El Pilar* bei Verbotsschildern.
Höhenunterschied: Unerheblich.
Gehzeit: Insgesamt 3 Std., nach Bedarf auch länger.
Route in Stichworten: Vom Parkplatz in die Sandfelder von *El Llano del Jable* – hinauf zur Piste (alternativer Ausgangspunkt, siehe Text) – nach S in den Wald zur Vulkanspalte *San Juan* und zurück.

Sollten Sie einen Tag mit Shopping oder Sightseeing verbummelt haben und sich dennoch ein wenig die Füße vertreten wollen – hier ein weiterer Tip: Steigen Sie also nochmals in den gut durchwärmten Wagen und starten Sie zur Straße über die Cumbre. Biegen Sie westlich des Scheiteltunnels von der Hauptstraße *Los Llanos–Santa Cruz* nach Süden ab. Zuckeln Sie diesmal gemütlich die Nebenstraße Richtung *El Pilar* entlang. Genießen Sie den Eindruck der üppigen Buschwaldvegetation am Hang der Cumbre. Bald umfängt Sie ohnehin wieder der typische Bergwald aus Kanarenkiefern. Sollten Sie hier Wanderer treffen, die nur ein wenig umherstreifen, grüßen Sie freundlich. Sie gehören heute auch dazu. Aber fragen Sie nicht nach dem *San Juan*, denn der ist nicht einmal auf den Landkarten zu finden.
Nach kurzem Wald-Intermezzo windet sich die Straße am Hang durch offenes Gelände empor. An der ersten deutlichen Linkskehre fahren Sie an Schildern ein Stück geradeaus. Dann stellen Sie den Wagen ab und schnüren die Trekkingstiefel. Wie zum Empfang steht zur Rechten ein kleiner Vulkankegel da, ebenmäßig, wie im Sandkasten geformt. Auf seinen nackten Schlackenhängen wurzeln wieder die ersten Kiefernbäumchen, grüne Punkte im schwärzlichen Grus: Pioniere des Pflanzenlebens, offensichtlich voll angepaßt an starke Sonneneinstrahlung und Trockenheit. Wie lange wird es dauern, bis auch hier der Wald sein Land zurückhat? Hinter dieser stilgerechten Eingangspforte dehnt sich eine seltsa-

Die von Wind und Wetter geformte Kanarenkiefer gedeiht selbst auf trockenstem vulkanischem Boden.

me Ebene aus. Sand, lauter schwarzer Sand. Gleichförmig, doch nicht monoton. Nein, ein eigenartiger Reiz liegt über diesen dunklen Flächen, die sanft hinabstreichen vom Abhang des Gebirges bis zu den wenigen bebuschten Schöpfen am Rand. Fein läßt sich's da herumspazieren, ziellos und bequem. Man schlendert dahin zwischen wellig schwingenden Oberflächenformen, entdeckt leise Farbnuancen. Angenehm wandert sich's auf diesem Boden. Und sollten Zweifel über seine Herkunft bestehen – Ihre Nase wird es merken: Auch da steckt der Vulkanismus dahinter. Von der Müllverbrennung kann der leichte Geruch nach Asche sicher nicht herrühren. Denn die geschieht ganz offiziell auf den Lavafeldern hinter den Bergen.

Wenn Sie die Landschaft kreuz und quer durchstreift und mit allen Sinnen in sich aufgenommen haben, steigen Sie weglos einen kurzen Steilhang an zu einer holprigen Fahrstraße. Sollten Sie dies nicht riskieren wollen, gehen Sie zum Wagen zurück und fahren hinauf bis zur nächsten, der obersten Linkskehre. Hier schleicht bei der wackeligen Holztafel „San Juan" ein Sträßchen knapp oberhalb der eigentümlichen Sandfelder in den Kiefernwald hinein. Passen Sie auf, daß Sie im Schatten der Nadelkronen nicht das primitive Holzschildchen übersehen, das da vermeldet: „Volcán". Auch Sie werden sich als erstes erstaunt umsehen. Wo ist denn der Vulkan? Doch richtig! Knapp unterhalb der Forstpiste klafft im Hang ein aufgeborstener Schrund. Aus ihm zieht ein Graben hinunter ins Kulturland. Wären seine Felsflanken nicht so schwarz, so verbrannt, man könnte meinen, in einen der ausgetrockneten Wildbachgräben der Alpen zu sehen. Hier jedoch hat *San Juan,* dieser merkwürde Heilige, Feuer mitten aus der Bergflanke gespuckt. Auch ein Vulkan, diesmal halt ohne den gewohnten Ausbruchkegel. Auf La Palma kann man lernen, wie unterschiedlich vulkanische Landschaftsformen sind. Und den zur Zeit gottlob fehlenden Feuerzauber ersetzt zum Ende eines solchen Spazierganges das tägliche Finale. Feurig rot versinkt die Abendsonne in den zarten Wolkenschichten über dem Meer. Mit Vulkanismus hat das freilich nichts mehr zu tun.

5 Freundliche Begegnung mit dem ländlichen La Palma

Ein Rundgang durch die landwirtschaftlich genutzten Hänge oberhalb Puntagorda

Start/Ziel: Ende der Asphaltstrecke am Fahrweg nach *Fatima* (nicht bezeichnet, Abzweigung nach einer Brücke etwa 1,5 km vor Puntagorda nach O in ein Tälchen), Parken.
Höhenunterschied: Etwa 350 m.
Gehzeit: Insgesamt 3 Std.
Route in Stichworten: Vom Parkplatz auf staubiger Straße zu Abzweigung nach rechts an Gehöften Richtung Gebirge ansteigen (zunächst alter Feldweg, dann Pisten) – jeweils ansteigende Abzweigung wählen (weites Zickzack) – auf oberstem querenden Fahrsträßchen nach rechts – an rechts abgehender Piste vorbei – bevor das Sträßchen ins Tal abbiegt, auf Pfadspuren über den Rücken hinunter zum Wald – dort nach rechts zur Piste, die hinunterführt zu den Gehöften nahe Parkplatz.

Zumeist engt allein schon das radial zerschnittene Relief der Hanglagen die Ausflugsmöglichkeiten auf La Palma ein. Tiefe, aus dem weichen vulkanischen Gestein herausgespülte Gräben, die Barrancos, beschränken Wanderaktivitäten auf die scharf voneinander getrennten Rücken, die Lomos. Und sind es nicht diese schwer überwindlichen Felsschluchten, so ist es vielleicht ein Lavastrom oder eine Kraterspalte, die das Wandern kreuz und quer erschwert. Die Rücken hinauf und dann wieder hinunter – ja! Querungen jedoch, ohne Hindernisse und erheblichen Höhenverlust zu einem anderen Rücken, sind vor allem in den unteren bis mittleren Lagen die Ausnahme.
Einer der nicht eben häufigen, etwas breiteren und sanfter modellierten Geländeausschnitte liegt oberhalb *Puntagorda*. Von der bereits auf 800 Meter Höhe entlangziehenden Küstenstraße bis zum eigentlichen Aufschwung des Calderakammes erstreckt sich da ein mäßig geneigter Hang. Im unteren Gürtel liegen die Sommersitze der Palmeros und die Gärtchen; nach oben hin schließen Wirtschaftswiesen und Feldstreifen an, die sich zwischen die Waldpartien hineinschieben. Quer durch den oberen Rand dieses Ausflugsdorados verläuft ein Erdsträßchen, das vom *Kiosko Briesta* aus am leichtesten zu finden und zu befahren ist. Aber welcher Naturfreund will schon über diese Piste rumpeln, wenn der Hang über Puntagorda seltene Chancen für Rundgänge eröffnet: Rundgänge durch

Mandelhaine über Puntagorda.

eine noch unverdorbene palmerische Landschaft, abseits vom Tourismus. Freilich, etwas Gespür für die zweckmäßigste Wegwahl ist nötig, zu einer für jeden unmißverständlichen Beschreibung mangelt es an auffallenden Landmarken.
Sollten Sie Karten zu lesen verstehen, suchen Sie nicht nach den Wegen auf dem Papier. Selbst die topographische Karte wird Ihnen wenig nutzen: Die darin eingezeichneten „caminos“ und „sendas“ haben meist nichts mit der Realität gemein. Tatsächlich finden Sie in der Natur jedoch etliche Wege. Also nur Mut! Wir sind in dieses Ausflugsgebiet eigentlich durch einen dummen Zufall gekommen. An einem Januartag wollten wir diesen Rücken oberhalb der *Carretera general* mit dem Wagen queren, irgendwie und auf einer irgendwo gelesenen Route. Ein Wegweiser zeigte *Fatima* an – ein Wallfahrtsort? Nichts dergleichen auf der Karte zu finden. *El Calvario* – ja, aber das nützte uns nichts. Es lag am unteren Rand des Hanges, ohne fahrbare Verbindung. Trotzdem setzten wir zum Versuch an. Doch selbst mit dem so „offroad“-tauglichen SEAT kamen wir nicht weit. Also nichts wie fragen!
Vor einem der entzückenden kleinen Steinhäuschen saß eine Palmerofamilie, von der Uroma bis zum Enkel. Alle genossen sie die Sonne, ließen den Herrgott auf dem Kalvarienberg einen guten Mann und die Jungfrau Maria bei Fatima eine gute Frau sein und beobachteten lieber die Fremden. Ohne Zögern urteilte fachmännisch eine aufgeweckte Oma: „Nein, da kommen Sie kaum mit Ih-

Beim Rasten klingt das Erlebnis Inselwandern nach.

rem Wagen durch. Aber zu Fuß – überall, Sie werden Ihren Spaß haben! Und da vorn", setzte sie hinzu, „da haben Sie einen wunderschönen Ausblick. Da müssen Sie unbedingt hin. Warten Sie – ich zeige es Ihnen."

So waren wir gleich mit der lieben Oma ein Stück unterwegs. Bis zur Biegung eines Feldweges mit freier Sicht. Hier! Mit einer großzügigen Handbewegung deutete die einfache Frau in den freien Raum. So, als würde sie uns dies alles zum Geschenk machen. Tatsächlich eine attraktive Aussicht. Im Grün der Wiesenhänge zahllose rosa Wölkchen blühender Mandelbäume, darunter das ziegelrote Gefleck der weit verstreuten Dächer von Puntagorda, und dahinter das weite Meer, verblauend in der Januarsonne. Der schönste Platz auf der Welt, sagte Oma mit natürlicher Selbstverständlichkeit. „Denn hier bin ich zu Hause."

Ein nächstes Mal sind wir zur Wallfahrt nach *Fatima* mit unseren Wanderfreunden von der Insel losgezogen, zusätzlich mit einigen „Residenten" und Langzeiturlaubern. Auf dem Sträßchen, das sich kurz vor *Puntagorda* nach einer Brücke bescheiden von der *Carretera general* löst, fuhren wir in das Tal hinein und hinauf. Einige steile asphaltierte Spitzkehren, dann ist man oben auf der Hochfläche und guckt über ihren gekerbten Abfall hinaus aufs Meer.

Sobald am Straßenrand Platz vorhanden war, haben wir bei einer Feldeinfahrt zwischen Pinien die Wagen stehengelassen. Oberhalb spechtete aus der Steinhütte inmitten der Felder neugierig ein Pal-

mero heraus, „Hòla!“ Das Sträßchen führte weiter, jetzt ohne Asphalt, durch eine kultivierte Landschaft vor dem Meereshorizont. Bei der ersten Verzweigung in Form eines T ging es sodann rechtwinklig nach rechts hinauf. Da waren noch ein paar Steingebäude, vor denen ein miserabler Fahrweg links abzweigte. Steigt man jedoch geradewegs Richtung Gebirge an, ist man schnell auf einem stellenweise mit Steinen ausgelegten Weg von anno dazumal.
Hätten wir unterwegs nicht so viel zu diskutieren gehabt über die Insel und die großen Probleme des Lebens, so wären uns die vielen abwechselnden Mandelgärtchen, Wiesenstreifen und Miniaturfeldchen klarer in Erinnerung geblieben. Die Kleinbauern decken hier noch nach Altväterart ihren Eigenbedarf. Viel mehr als das, was da ohne harte Mühen wächst, brauchen sie ohnehin nicht zur Eigenversorgung. Und alles andere wird sowieso importiert. Das kleinräumig wechselnde Landschaftsbild ist geblieben, geprägt von der Lebensweise zahlloser Generationen von Inselbewohnern. Heiter, offen und, selbstverständlich, mit Meerblick. Ein beglückendes Wandergebiet, ohne deutliche Spuren von Vulkanismus.
Man sollte sich häufig umsehen und rasten. Wir haben das auch getan. Und unsere voll ausgereiften Avocados, unsere landfrischen Paprikaschoten, Mandeln und den geräucherten Ziegenkäse genossen. Und den Duft der Insel tief eingeatmet. Daß bei solch bodenständigen Vergnügen das tiefschürfende Männer-Blabla über Probleme der Politik und der westlichen Industriegesellschaft wenigstens zeitweise verstummte, dafür haben unsere Frauen gesorgt. Tief durchatmen – ja! Abschalten! Aber warum schleppen nur Menschen ihren pompösen Gesellschaftsballast mit auf diese herrliche Insel? Mit dem löblichen Vorsatz, ihm zu entfliehen! Machen Sie es wie die Palmeros. Lassen Sie in einer solchen Landschaft Probleme Probleme sein und genießen Sie schlicht und einfach, was Ihnen hier das Leben problemlos zu bieten hat.
Irgendwann geht dann ein Fahrweg nach links durchs Paradies. Kanarenkiefern mischen sich hinein, ein seichtes Tälchen folgt, und dann müssen Sie bei der nächsten Möglichkeit wieder auf einer Piste nach rechts. Einmal links, einmal rechts – und das ein paarmal hin und her. Zugegeben, ein Verwirrspiel. Vertrauen Sie Ihrem Gespür. Wir haben immer die ansteigenden Abzweigungen gewählt und lagen damit richtig. Im großen und ganzen verläuft die Route auf Pisten im Zickzack bergauf.
Noch einmal ein Fahrweg nach rechts, und nach einem Waldstreifen stoßen Sie auf das Fahrsträßchen, das, von *Briesta* her, das Ausflugsgebiet nach oben hin abschließt. Eine Begrenzung, die wohl niemand übersehen kann. Nach rechts weitergehend, passie-

Wer mag da über Puntagorda nicht gerne wandern!

ren Sie eine Steinhütte mit Almwiese, sehen den runden Dreschplatz, auf dem die Mulis das Korn austreten mußten.
Mal von Buschwerk eingesäumt, geht es weiter auf der Piste und durch ein Waldtälchen. Wenn dann der Abstieg der bislang nahezu eben querenden Straße voraus zu erkennen ist, weist zwischen frisch gepfropften Mandelsetzlingen eine leicht zu übersehende Trittspur bergab. Also aufgepaßt! Diesen Rücken verfolgen Sie bis hinab zum Waldgürtel und weichen dann nach rechts ab. Am nördlichen Nachbarkamm treffen Sie wieder auf die für den Aufstieg benutzte Waldpiste. Die führt hinab nach *Fatima*.
Sollten Sie auf der oberen Querstraße die abgehende Spur jedoch verfehlen, so ist dies auch kein Beinbruch. Dann müssen Sie halt von diesem Fahrweg nach rechts abzweigen, bevor er in den Wald eintritt. Auf etwa gleicher Höhe bleibend, queren Sie nach Norden ein weiteres Tälchen. Dann finden Sie auch von dort aus die erwähnte Waldpiste hinab nach *Fatima*.

Inselwandern kreuz und quer

Geht es Ihnen nicht auch manchmal so: Aus „kleinen Ausflügen“ nebenbei werden ganz von selber lange Wanderungen. Wer fit ist, den treibt eben die Wißbegier irgendwann auf weite Wege. Man zieht aus auf Entdeckung. Hinaus aus den bewohnten Gebieten, hinaus aus dem kultivierten Umland. Schnüren Sie also Ihre festen, knöchelhohen Wanderschuhe und rüsten Sie sich für längeres Wandern. Sie wissen schon: Auch auf der Sonneninsel Regen- und Windbekleidung, Proviant ...

La Palma verführt zum Inselwandern: zum zwanglosen Umherstreifen in den einzelnen Landschaften der Insel. Was für ein vielfältiger Erlebnisraum ist das doch zwischen Meer und Gebirge! Selbst wenn man dabei die Höhen ausspart. Wegweiser und Markierungen? Meist Fehlanzeige. Und die seltenen Hinweisschilder stimmen nicht mit den Namen auf der Landkarte überein. Achten Sie also vor allem auf die häufigen Steinmännchen sowie auf ausgelegte Äste. Ihre Vorgänger haben sich dabei etwas gedacht; auch sie wollten dorthin, wo es Sie hinzieht. Richten Sie deshalb Ihre Neugier ganz auf diese Wege aus – und bleiben Sie möglichst auf ihnen!

Wo Sie wandern können? Welche Ziele Sie wählen sollten? Eine Auswahl an Routen für längeres Wandern in nichtalpinen Lagen und außerhalb des Parkbereichs der *Caldera de Taburiente* finden Sie hier. Diese sind so ausgewählt, daß Selbstfahrer wieder den Ausgangspunkt möglichst ohne ermüdende Straßenmärsche erreichen. Ganz ohne eigenes Auto, Bus oder Taxi geht es leider nicht, denn echte Rundwanderungen gibt es auf La Palma kaum. Eine Möglichkeit bleibt dabei jedoch oftmals unbenommen: größere Wanderungen nur in Teilen zu begehen.

Ausprobiert haben wir alle im folgenden geschilderten Wege, teils sogar mehrfach. Was mir als Orientierungshilfe dabei auffiel, habe ich festgehalten. Ohne mich in scheinbar genauen Meterangaben zu verlieren – die ohnehin zumeist nicht stimmen. Sollten Sie dennoch stellenweise am richtigen Wegverlauf zweifeln: Denken Sie daran, nicht alles läßt sich eindeutig und unmißverständlich für jedermann beschreiben. Halten Sie selbst die Augen offen! Was heute klar und richtig ist, kann morgen schon überholt sein. Wenig ändert sich so rasch wie die Wegverhältnisse auf La Palma. Auch diese meist bequemen und nur mäßig steilen Routen wachsen möglicherweise zu, sie unterliegen der Erosion sowie menschlichen Eingriffen. Und das auf einer sich explosiv entwickelnden Insel

Kontraste einer Gebirgslandschaft an der „Vulkan-Route".

ohne wegebetreuenden Wanderverein. Wandern verlangt immer ein wenig Findigkeit. Und dies besonders, wenn kein Auskunftsbüro über die aktuelle Wegsituation informiert.

Wandern kreuz und quer durch die Insel können Sie selbstverständlich auch auf etlichen anderen Routen als den hier aufgeführten. Die interessante Forstpiste *Fuencaliente–Llano de Jable* fehlt. Der idyllische Fahrweg *Fuencaliente–El Pilar* wurde nicht aufgenommen, und das Sträßchen *Cumbre-Tunnel Ost–Pared Vieja* ist nicht erwähnt. Auf diesen oft als Wanderwegen empfohlenen Pisten wagen Sie freilich besser eine Geländefahrt; Sie ersparen sich damit böse Asphaltmärsche. Weitere mögliche Wanderungen im Norden, so etwa zwischen *Juan Adalid, El Tablado* und *Francese,* hingegen grenzen ohnehin fast an Expeditionen. Nur eine Route gibt es noch nicht: eine Längsdurchquerung der ganzen Insel abseits befahrener Straßen.

Wie Sie nun auch auswählen mögen, aus der vorgegebenen Musterkollektion oder anderwärts empfohlenen Routen, Sie werden beim Wandern die Vielfalt einer Landschaft erleben, die gleichermaßen geprägt ist von vulkanischen Kräften wie von der uralten Inselkultur. Meine Wanderfreunde haben dies als Kenner der Insel so einfach wie überzeugend ausgedrückt: „Zehn, zwölf und mehr Wandertage – und jeden Tag eine neue, eine andersartige Landschaft". Genau das ist es, was den Reiz des Inselwanderns auf La Palma bestimmt.

6 Zu den Vulkanen San Antonio und Teneguia

Wanderung in eine fremdartig-bizarre Welt – Vulkanismus im Süden der Insel

Start/Ziel: *Fuencaliente* (mit Pkw erreichbar, Parkplatz nördlich vom Vulkan *San Antonio*). Siehe Karte S. 165.
Höhenunterschiede: Knapp 600 m.
Gehzeit: Insgesamt 3–4 Std. (mit Leuchtturm 5–6 Std).
Route in Stichworten: Um den Kraterrand des *San Antonio* – zurück zum Parkplatz – nach W abwärts – auf querender breiter Piste nach links (S) – rechts ab auf Jeepspur zum *Roque de Teneguia* – auf Wasserkanal nach O – rechts auf Piste bis unter den Vulkan *Teneguia* – gleiche Piste zurück bis zu Fahrspuren nach rechts abwärts in seichte Mulde – auf Sand bergab zur Straße und evtl. neben ihr bis zum Leuchtturm; Rückweg: Gleiche Route hinauf bis Querung von breiter Piste – auf ihr nach rechts – links abzweigender Aufstieg empor zum Parkplatz.

Der Südzipfel La Palmas bildet eine eigene, eine besondere Landschaftseinheit. Im Landdreieck zwischen *Fuencaliente* und dem Meer ist hier bilderbuchhaft die vulkanische Entstehung der Insel aufgeschlagen. Junge Krater und Lavamassen vermitteln eine Ahnung davon, wie sehr die unterirdische Vulkanküche noch kocht. Der, geologisch gesehen, kurze Zeitraum seit den letzten Ausbrüchen hat hier der Erosion noch wenig Möglichkeit geboten, die jungvulkanischen Landschaftsformen zu verändern oder Schluchten einzuschneiden, wie die Barrancos anderwärts auf der Insel. Allenthalben findet man die mächtigen Gesteinskugeln ausgeworfener „Bomben", und die Oberfläche der Lavaflüsse sieht an etlichen Stellen aus wie kurz nach der Eruption. Nur zaghaft ergreift die Vegetation vom schwarzen Boden Besitz. Das Rumoren, Rauchen und Feuerspucken hat sich der 1971 ausgebrochene *Volcan Teneguia* allerdings derzeit wieder abgewöhnt.
Fuencaliente, einstmals Heilbadeort im Süden La Palmas, ist auf guten Straßen zu erreichen. Sowohl von *Santa Cruz* als auch von der Westküste her. Der Ortsname, der zu deutsch „Warmbrunn" bedeutet, weist auf die warme Schwefelquelle hin, die, vom Vulkanismus geboren, im 17. Jahrhundert durch einen Vulkanausbruch wieder verschüttet worden ist. Im Mittelalter hatte man ihr sagenhafte Heilkräfte zugeschrieben. Eine andere, freilich weniger heil-

kräftige Quelle sprudelt jetzt desto munterer: Der Teneguia-Wein, der auf diesem jungen Vulkanboden prächtig gedeiht, gehört zu den besten Gewächsen der Insel. Kein Reiseführer versäumt, auf den Malvasier hinzuweisen – als eine Spezialität dieser Lage und prächtigen Auftakt zu jedem kanarischen Festmahl. Warum also nicht auch sein landschaftliches Umfeld genießen als Aperitif zum palmerischen Wandermenü?
Aus der Mitte des sehr geruhsamen Dorfes Fuencaliente zieht eine asphaltierte Fahrstraße bergab nach *Las Indias* und *Los Quemados.* Bald nach den letzten Häusern Fuencalientes zweigt eine Erdpiste ab zum geräumigen Parkplatz vor dem Vulkan *San Antonio.* Wenige Minuten nur sind es hinauf zum bequemen Weg rund um den Kraterrand des 1677 entstandenen Vulkans. Ein Kammring um den tiefen Trichter, auf dessen Grund bereits wieder Kiefern siedeln. Einige Felszacken recken sich vorwitzig am Südrand; der Pfad umgeht sie mit Leichtigkeit. Darunter fällt der Hang ab wie ein schmutziges Turmdach, hinunter zur schwarzen Mondlandschaft der vulkanischen Ausbruchswehen von 1971. Wer sodann mit dem Blick den Pirouetten der Seevögel folgt, entdeckt ganz im Süden den Leuchtturm. Hinter seiner Laterne endet die Insel im Meer.
So serviert uns gleich die erste Station dieser Erkundung den Idealtyp eines erloschenen Vulkans. Gleichsam als Auftakt zum unbeschilderten „Lehrpfad in Oberflächengestaltung durch Vulkanismus“. Einen Eindruck von der gleichmäßig steilen Böschung dieser Abhänge gibt der Abstieg vom Parkplatz auf anfangs mit Steinen eingesäumten Trittspuren, grob gesagt in Richtung Südwest. Lassen Sie sich nicht durch alte Wegreste täuschen, den Einstieg vom Westrand der Parkebene her markiert ein erkennbar eingetretener Fußpfad.
Einzelne Krüppelkiefern, Büsche und große, blühende Stauden beleben das bröselnde Auswurfmaterial. Abwärts geht sich's darauf recht schnell, und so sehen die Abstiegsspuren auch aus. Eine Wegtrasse mit einem verfallenden Bewässerungskanal aus Beton ist zu kreuzen, dann rutscht man noch einmal auf dem Lavagrus bergab bis auf eine breit ausgebaute Wirtschaftspiste. Diese Aussichts-Avenue zieht sich herum um den Kragen des Vulkankegels. Ihr folgt man nach links gegen Süden und genießt dabei stets den Rundblick auf Lava, Asche und Meer.
Später weisen Reifenspuren in der Vulkanasche rechts abwärts von der Piste direkt zum Vulkanschlot des *Roque de Teneguia* hin. Station Nummer zwei des Lehrpfads! Vergeblich haben wir allerdings nach den angeblichen Steinzeichen der Guanchen gesucht. Von diesem steinernen Kopf geht man weiter Richtung Osten zum Vul-

Kraterrund des erloschenen „San Antonio" (südlich Fuencaliente).

kan *Teneguia*. Ganz kommod auf den Deckeln eines betonierten Wasserkanals, mitten durch Steintrümmer, Lavabomben und Auswurfgeröll, begleitet von hohen Ampferstauden und vereinzelten Büschen übergroßer Margeriten und Wolfsmilchgewächse. Frei schweift der Blick auf die Girlanden der Felsküste mit einzelnen vorgelagerten Riffen. Die Rückenpanzer der Lavaströme haben ihre Kämme ins Meer hinausgeschoben, ärgerlich schäumt die Dünung des Ozeans diese steinernen Hindernisse an. In lebhaftem Kontrast dazu steht der frischgrüne Saum neu angelegter Bananenplantagen auf den Niederterrassen über dem Meer. Bei allem Schauen und Staunen muß man nur aufpassen, daß man nicht infolge der stellenweise schadhaften Abdeckung ein unfreiwilliges Bad im Kanal nimmt.
Bald kreuzt eine Erdpiste den Wasserkanal, der weit aus dem Norden der Insel kommt. Sie leitet nach rechts hinüber zum weithin sichtbaren jungen Vulkan. Ihre Trasse ist in die schwarzen, zernarbten Lavamassen hineingeschoben, überbrückt Spalten und zieht um kleine Krater herum. Abrupt endet sie an einem Abbruch vor dem *Teneguia*. Rötlich und gelb erhebt sich seine zerborstene Ruine mehr als einhundert Meter aus dem schwarzen Inferno. Steigt man ein Stück auf den Nordkamm hinauf, blickt man in Schlünde, aus denen heraus sich schuppige Lava emporwindet. Es riecht noch nach Schwefeldampf. Schaustück Nummer drei des Lehrpfads.
Wer nicht genug kriegen kann von Asche und Lava, steigt zurück und auf der Piste hinan, bis unter einem neu gepflanzten Weinberg Wagenspuren rechts abwärts in eine seichte Mulde ziehen mitten

Fuencaliente de la Palma; der Süden der Insel.

hinein in die Lavawüste. Am östlichen Rand der Lavamassen springt man bergab auf Asche und Sand wie auf einem kohlschwarzen Firnfeld, um schließlich die Fahrstraße zum Leuchtturm zu erreichen. Als Lohn winkt am Ende eine ländliche Bar zwischen wartenden Booten, direkt am Meer.

Für den Rückweg empfiehlt sich Lavawanderern anfangs die gleiche Route. Auch wenn man bergauf in dieser Halde aus Lavasand etwelche, immerhin mögliche, Sünden abzubüßen hat. Die als Alternative lockende Leuchtturmstraße hangaufwärts wäre ein viel zu weiter Umweg zum Parkplatz unter *Fuencaliente.* Eine etwas günstigere Aufstiegsroute am Westrand des Lavastroms hingegen bleibt guten Wegsuchern vorbehalten. Wie man sich auch entscheidet, hinauf muß man allemal. Und ein Bus verkehrt da nicht.

An der nun schon vertrauten Verzweigung am neuen Weinberg empfiehlt es sich, der Aussichts-Avenue der breiten Wirtschaftspiste nach Osten zu folgen. Da trifft man bald auf einen Aufstieg, der steil empor nach links in die Parkplatzmulde am *San Antonio* zielt. Ein paar Schnaufer noch, dann ist man im Auto und schlägt in der steifen Ozeanbrise dankbar die Wagentüre zu.

Wir haben auf dem Rückweg unsere Abendandacht gehalten. In der Bodega „Tamanca" unweit *Jedey,* einer aus dem Tuff gehöhlten Grotte. Bei Ziegenkäse, „papas arrugadas" (Inselkartoffeln, in der Schale mit Meersalz gekocht) und gegrilltem Fisch. Und natürlich mit dem dort gekelterten kräftigen, trockenen Landwein. Offenbar entsteht aus den Lavaströmen nicht nur neues, ins Meer vorgeschobenes Land, der Vulkanboden gibt auch dem hiesigen Tischwein erdige Fülle und feurige Kraft.

7 Auf Guanchenspuren in der Nordwestecke der Insel

Entdeckungsfahrt zu Felsgravierungen und Quellheiligtümern im Nordwesten der Insel

Start: *Garafia,* Parkplatz im Ortsgebiet.
Ziel: *Llano Negro;* zurück mit Taxi bzw. zu Fuß neben der Straße nach *Garafia* (Busverbindung ungünstig).
Höhenunterschied: 550 m.
Gehzeit: Insgesamt 4 Std. (*Llano Negro–Garafia* 1½ Std.).
Route in Stichworten: Am W-Rand des *Barranco de la Luz* empor – Fahrweg nach links – oberhalb *Casas del Jural* vorbei und immer auf Pisten ansteigen (nicht rechts abzweigen!) – Hang queren und hinauf zum Wallfahrtskirchlein *Ermita San Antonio* auf Wiesenplan – bei Beginn der Asphaltstraße Piste nach links – 2. Abzweigung spitzwinklig links – asphaltierte Piste überqueren – vor Linkskurve am W-Rand eines kleinen Barrancos „Indianerpfad" nach rechts – durch Tunnel unter der Hauptstraße zu Schild „La Zarza" – Tälchen auf Steig aufwärts in den Talschluß des *Barranquillo de la Zarza* (Wandstufe mit Felsgravierungen) – in nach W abzweigendes Tälchen und, auf Pfad an Petroglyphenwand *La Zarzita* vorbei, auf die Hochfläche im S des Hügels *Vaqueros* – rechts am W-Hang des Hügels auf Feldweg hinab nach *Llano Negro.*

Man nennt sie Guanchen, die Ureinwohner der kanarischen Inseln. Alles deutet auf ihre berberische Herkunft hin. Wohl um die Zeitenwende scheinen sie den kanarischen Archipel von der afrikanischen Küste her erreicht zu haben. Wie, das weiß man nicht. Diese Urahnen der Palmeros lebten bis zur Eroberung durch die Spanier im Jahre 1493, friedlich in „cantones" organisiert, auf einer altsteinzeitlichen Kulturstufe. Übriggeblieben sind einzelne Funde sowie vor allem Felsgravierungen, die an vielen Stellen der Insel zu entdekken sind. Diese Petroglyphen mit vorwiegend geometrischen Mustern finden ihre Entsprechungen im vorzeitlichen Westeuropa wie in Afrika, ihre Bedeutung bleibt freilich im dunkeln. Zu den Spuren der Guanchen führt ein Ausflug in den Nordwesten La Palmas, eine ungemein reizvolle Gegend, die sich von der steilen Felsküste zu einer langsam zuwachsenden Mittelgebirgslandschaft aufschwingt. Die anrührende Ursprünglichkeit dieses uralten Kulturlandes unterliegt, wie überall auf der Insel, gegenwärtig einem Wandel. Erdpi-

N
El Palmar
Don Pedro
Casas del Jaral
Camino Real
GARAFIA
7
Ermita
San
Antonio
Llano Negro
Unterführung
Zarzita
Petro-
glyphen
Vaqueros
△1154
La Zarza
Petroglyphen
Hoya Grande
0
1 km

Die Ureinwohner, die bis zur Entdeckung durch die Spanier im Jahre 1493 hier lebten, haben kultisch-magische Zeichen ins Gestein geritzt.

sten und neue Straßenbauten ersetzen das alte Wegenetz. La Palmas Vergangenheit weicht auch hier allmählich der Moderne. Vom behäbigen Agrar- und Ferienzentrum des *Valle de Aridane* um *Los Llanos* aus passiert die Nordwestküstenstraße die verstreuten Häuser von *Hoya Grande.* Wer das Kurvenfahren bisher noch nicht gelernt haben sollte, lernt es hier zwischen Barrancos, Opuntien, Agaven und Kanarenpalmen. Etliche Bars, Bodegas und sogar Restaurants strafen indes die Mär älterer Führer Lügen, die diesen Landstrich als weltfern und bar jeder Einkehrmöglichkeit beschreiben. Auch hat die Fahrt auf der emsig ausgebesserten Asphaltstraße nichts mit dem gern suggerierten Expeditionsstil gemein. Ja, am Wochenende hält der temperamentvolle einheimische Ausflugsverkehr jedem Vergleich mit zentraleuropäischen Erholungsgebieten stand – unüberhör- und unübersehbar.

Breite Asphaltserpentinen führen von *Hoya Grande* hinunter nach *Garafia,* einer locker verstreuten Siedlung am Hochufer über dem Meer. Ein entlegenes Nest auf einem Landzipfel, von dem der Blick nur die Weite des Ozeans streift. Fremde begegnen einer freundlichen Aufmerksamkeit, ausländische Touristen sind hier noch keine Massenware. Schade, wenn man nicht mit einigen guten Worten Kontakt schaffen kann. Zumal ein Gespräch recht hilfreich wäre, die ersten Felsgravierungen rund um *Garafias* Friedhof sowie an

Aus vulkanischen Quadern gefügte Steinhütten der Palmeros, wie man sie besonders auf der Nordhälfte der Insel findet.

etlichen anderen Stellen aufzuspüren. So muß man sich eben Reifenbergers „La Palma-Handbuch" anvertrauen. Glück auf bei dieser archäologischen Ostereiersuche.

Nach mühsamen Teilerfolgen bei der Jagd nach prähistorischer Beute schreitet man sodann ermuntert aus zu einer Entdeckungstour. Zuerst von der *Plaza* vor der eigentümlichen Doppelkirche zum tiefen Graben des *Barranco de la Luz*. An seinem westlichen Rand steigt die *Calle Anselmo Perez de Brito* an. Steil geht es aufwärts auf dem säuberlich mit Bruchstein gepflastertem Weg. Dieses Kunstwerk einer althergebrachten Wegebaukunst ist nicht zu übersehen! Kurz vor dem Ende des sorgfältig geschlichteten Steinmusters quert eine neuere Erdstraße fast eben den Barranco nach links. Deutlich befahren, leitet sie zuerst mit etwas Steigung, später wieder mit Höhenverlust zu den obersten Häuschen von *Casas del Jural:* typische Wohnstätten einheimischer Palmeros, kubisch, wie immer aus vulkanischen Quadern gefügt. Daneben wachsen ganz vereinzelt noch Drachenbäume, diese urweltartigen Liliengewächse der Kanaren mit den verdrehten Stämmen und büschelartig nach oben strebenden Ästen.

Ärgern Sie nicht die klapperdürren Hunde, die durch lautes Kläffen ihr häusliches Revier auch aus den Feldern vermelden. In den Weiler gehen Sie nicht hinein! Knapp oberhalb wendet sich der Fahr-

weg in einem Rechtsbogen dem letzten Gehöft zu und steigt in einiger Entfernung an ihm vorbei in leichten Kehren die Hangflanke an. Eine rechts über bewirtschafteten Terrassenstreifen abzweigende Fahrspur läßt man unbeachtet. Weiterhin befahrbar, geht die Erdpiste die Geländefalten aus, zieht um einen Graben herum und gewinnt schließlich einen Rücken, auf dessen Höhe sie emporzieht. Der niedere Buschwald am Wegrand gibt wieder und wieder anregende Blicke frei auf Garafia, auf die Küste und auf das Meer.
Im Busch links abseits des Weges steht eine äußerst schlichte Behausung. Wiederum Hunde – und freundliche Palmeros. Eine aparte Señorita … Mit wie wenig kann man auf dieser Insel doch zufrieden und glücklich sein! Wenn man nur Wasser hat, Ziegen oder gar Kühe. Was der fruchtbare Boden in einer solchen Hochmulde hergibt, reicht zum Leben. Und der unvermeidliche Toyota-Pickup für die Landbewirtschaftung steht vor dem Hühnerställchen. Den Gokkel stört der typische Dieselduft nicht.
An Weiden vorbei, schlägt die Piste zwei Haken. Kühe im Freien, ein Hohlweg. Dann überrascht der Wiesenplan vor der *Ermita San Antonio*. Das dürftige Wallfahrtskirchlein entbehrt freilich jeder Sehenswürdigkeit. Vor 100 Jahren abgebrannt, beginnt der simple Ersatzbau bereits wieder zu verfallen, traurig baumeln die Glockenstränge im Wind. Daß hier dennoch jährliche Viehmärkte stattfinden, daran erinnern nur primitive Kioskreste und vergessene Holzschragen. Und Abfälle hinter Ruinen. Zur Ermita führen übrigens noch andere Wege. Und jeder La-Palma-Kenner hält „seinen“ für den allerschönsten. Mit Recht!
Leider beginnt nach dieser Kostprobe typisch palmerischer und zumeist offener Mittelgebirgslandschaft knapp oberhalb der Ermita der Straßenasphalt. An seinem grasigen Rand kann man zur neuen „Küstenstraße Nord“ emportraben. Eine kurze Rast am Brunnen gegenüber dem Kirchlein darf man sich vorher gönnen, um den Anstieg durch die sanfte Hügelwelt frisch-fröhlich zu genießen. Ein feiner, alles durchdringender Duft liegt über dieser Landschaft, aus deren verwildernden Wiesenstreifen die Farbenpracht ungewohnter Blüten leuchtet. Schmerzte da nicht das neuzeitliche Industrieprodukt Teer unter den Füßen, so möchte man hinter dem dichten Gebüsch gleichsam den palmerischen Pan lachen hören.
Die folgenden stillosen Kilometer auf der Straßentrasse der aufgeschütteten *Carretera general* in Richtung *Barlovento* wirken danach als kalte Dusche. Der moderne Straßenzug hat den naturverbindenden Saum ratzeputz plattgewalzt. Unsere auf der Insel residie-

Gelbe Tupfer der Ginsterbüsche im Grün und Braun der Insel.

renden Wanderfreunde haben indessen jetzt entdeckt, wie sich diese wenig erfreuliche Strecke auf wunderschöner Route umgehen läßt: Nach *San Antonio del Monte* die nächste Piste nach links nehmen; Orientierungspunkt ist der Neubau eines langgestreckten ockergelben Hauses mit violett-rotem Dach. Bei der ersten Möglichkeit keinesfalls wieder links, sondern geradeaus weiter. Erst danach auf schmalem Buschpfad spitzwinklig nach links und, teilweise auf Steinschlichtung, bis in die Nähe eines weißen Hauses. Geradeaus überquert man dann eine Asphaltstraße und wandert in eine Senke hinein. Nochmals muß man etwas ansteigen, bis man nach der nächsten Wegkreuzung wiederum eine Senke erreicht. Zwischen üppiger Vegetation nähert man sich einem kleinen Barranco, an dem sich der Hauptweg nach links schlingt. Unmittelbar vor dessen Linkskehre rechts abbiegen auf kaum erkennbarem Pfad durch Wiesenland. Danach breiter unter schattigen Bäumen und an genutzten Höhlen vorbei zum Tunnel, der die *Carretera general* unterquert. Hier trifft man auf das hölzerne Richtungsschild „La Zarza“.

Zugegeben, etwas kompliziert. Will man jedoch Neues entdecken, muß man sich zurechtfinden können.

Wer mit dem Auto oder zu Fuß auf der Straße ankommt, trifft auf den Wegweiser „La Zarza“ dort, wo der Straßendamm der Neubaustrecke sich über ein Tälchen schwingt. Da weist rechts, tief unten abseits der Fahrbahn, die hölzerne Tafel nach *La Zarza*. Im seichten Graben geht es, nordwärts gegen das Gebirge zu, auf unverkennbaren Wegspuren durch das subtrobische Buschwerk. Bald steht man vor dem felsigen Abschluß des Tälchens. Holzgeländer vor der niederen Wandstufe zeigen das Quellheiligtum *Fuente la Zarza* an. Auch ohne tieferes Interesse an den Spiralzeichen im Fels wird der Besucher in dieser abgelegenen Talmulde sicher etwas von der Stimmung der vermutlichen Kultstätte empfinden. Wurden zu Vorzeiten nicht auch in unseren Alpen aus dem Fels rinnende Quellen von unseren keltischen Ahnen verehrt? Das Wunder des lebenspendenden Wassers aus totem Stein hat offenbar die Menschen der Frühzeit auch in gänzlich voneinander unabhängigen Kulturen zu religiöser Verehrung angehalten.

Das religiöse Volksfest der „Bajada de la Virgen de las Nieves“.

Blick von der Wallfahrtskirche Las Nieves auf Santa Cruz.

Nachbildung der Kolumbus-Kogge „Santa Maria“ in Santa Cruz. Im Inneren befindet sich ein Schiffahrts-Museum.

Die dreieckige Plaza España ist der architektonisch reizvolle Mittelpunkt der Inselhauptstadt.

Die Altstadt von Santa Cruz birgt noch zahlreiche intakte Bauensembles aus der Kolonialzeit.

Wüstenflora vor dem Teneguia.

◁ *Der Vulkan Teneguia (an der Südspitze) brach letztmals 1971 aus.*

Badestrand bei Fuencaliente.

Die Kirche von Mazo, oberhalb der Ostküste gelegen.

Bis auf 300 Meter Höhe hinauf werden die wohlschmeckenden Zwergbananen angebaut.

Abendstimmung am Mirador El Time oberhalb von Los Llanos.

Aeonium – einer der zahlreichen Endemiten auf La Palma.

Wanderer auf der Vulkanroute.

Blick vom Pico del Cedro beim Refugio de là Punta de los Roques. ▷

Vom Corralejo fällt der Blick auf die Vulkane im Süden der Insel.

Wandergruppe im Nationalpark der Caldera de Taburiente.

Unterwegs auf La Cumbrecita. ▷

Exotisch erlebt der Wanderer die Bergwelt auf der Vulkanroute.

Wanderung in der Caldera de Taburiente.

◁ Viele Wege auf La Palma führen durch lichten Kiefernwald.

Blick von der Punta de los Roques zum Westkamm der Caldera.

Eines der Observatorien am Pico del los Muchachos.

Drachenbäume erreichen ein Alter von mehreren hundert Jahren. ▷

Badevergnügen im Charco Azul unterhalb von Los Sauces.

Knapp nach dem Felsband der Kultstätte verläßt ein deutlicher Fußweg die Mulde nach Westen. Auf ihm gelangt man nach wenigen Minuten in einem Nebentälchen zum vielleicht noch stimmungsvolleren Gegenstück *La Zarzita*. Man muß sehr aufpassen, daß man es nicht übersieht. Baumhohes Gebüsch verbirgt da rechter Hand anstehendes Gestein, unter dem ein zumeist ausgetrockneter Bachlauf seinen Anfang nimmt. Die hier eingravierten Motive sollen zu den bedeutendsten Petroglyphen auf La Palma zählen. Ein Hauch von Vorzeit für den verständnisvollen Betrachter. Auch wenn er die Signale nicht zu deuten versteht.
Von hier windet sich das reizvoll von Buschwerk gesäumte Tälchen weiter aufwärts durch genutzte Gärten um den Hügel *Vaqueros* herum. Ein Pfad durch palmerisches Mittelgebirge, zwischen neuen Rebstöcken und den grünen Ohren wuchernder Opuntien: verträumt, am Grund verwachsend, und, wo man geht, stellenweise von den Winterregen arg ausgewaschen. Hufspuren weidender Ziegenherden halten das verwirrende Netz der Pfade offen. Plötzlich betritt man eine sanft geneigte Hochfläche mit buschbestandenen Weiden, eine friedliche Stufe zu Füßen des hohen Inselgebirges. Ein Landschaftsbild, vor dem sich die Erinnerung an unsere Voralpen unvermittelt aufdrängt.
Schließlich zweigt scharf rechts, westlich, ein Feldweg ab. Um den Bauch des Hügels *Vaqueros* herum steigt er gemütlich nach *Llano Negro* ab. Dort endet dieser Spaziergang. Wenig anstrengend, ist er eine Einstimmung auf das domestizierte La Palma und seine alte Kultur. Leider muß der von *Garafia* ausgehende Wanderer dorthin auf der Straße zurück. Zu Fuß oder, besser, per Taxi. Wann wird man auch im Norden der Insel erkennen, daß die Fußwege der Vorväter das touristische Kapital dieser Wanderinsel sind?

Auf sicheren ICONA-Wegen in der Caldera.

8 Barranco-Hitparade zwischen La Tosca und Gallegos

Auf Königsweg quer durch die imposante Schluchtenlandschaft der Nordküste

Start: Aussichtsplatz oberhalb *La Tosca* an der Straße *Barlovento-Gallegos.*
Ziel: *Gallegos* (Rückfahrmöglichkeit organisieren).
Höhenunterschied: Mehrmals 100–200 m.
Gehzeit: Insgesamt 2–3 Std. (ohne Rückweg).
Route in Stichworten: Abstieg nach *La Tosca* – Fahrweg nach links – an 1. Abzweigung bei unauffälliger Markierung (weißes Fadenkreuz) rechts Piste nehmen – am Pistenende auf anfangs überwachsenem „Camino real" steil hinunter in den Barranco – jenseits wieder hinauf – an einem Gehöft von *La Palmita* leicht ansteigend auf asphaltierter Piste – bei leicht zu übersehender Markierung rechts ab – Barranco durchqueren (Achtung: Abweichung vom Königsweg markiert!) – am nächsten unbewohnten Rücken nicht Piste aufwärts verfolgen, sondern auf Trittspuren direkt gegen den Barranco absteigen – auf „Camino real" den Barranco queren – jenseits der Häuschen noch einmal durch Barranco und nach *Gallegos* hinauf.

Müßte ich die Wanderungen in diesem Führer nach ihrer Schönheit bewerten, so würde diese Route in der Reihung bestimmt auf einem der vorderen Plätze landen. Gewiß, auch die anderen in diesem Büchlein geschilderten Wege führen durch markante Teile der an exotischer Vielfalt so reichen Insellandschaft. Ein jeder schlägt gleichsam eine andere Seite im Buch der Inselnatur auf. Diese Tour aber wird Sie mit einer Landschaftsform überraschen, die Sie vermutlich aus dem Musterbuch vulkanisch geprägter Naturerscheinungen noch nicht kennen: dem Barranco, einer mit tropischem Grün geradezu gespickten Felsschlucht im Lavagestein. Und wenn ich dieser Wanderung dennoch nicht einen der ersten drei Plätze einräumen kann, dann nur, weil die Rückkehr zum Ausgangspunkt fremde Hilfe voraussetzt.
Charakteristisch sind Barrancos für ältere vulkanische Inseln. Diese Schluchten zerschneiden die Abhänge und gliedern sie dadurch in einen Kranz voneinander getrennter Rücken auf. Die Region der ansetzenden Gräben mögen Sie auf dem Waldausflug zum Mirador El Time kennenlernen. In den Schlund des Barranco del Agua drin-

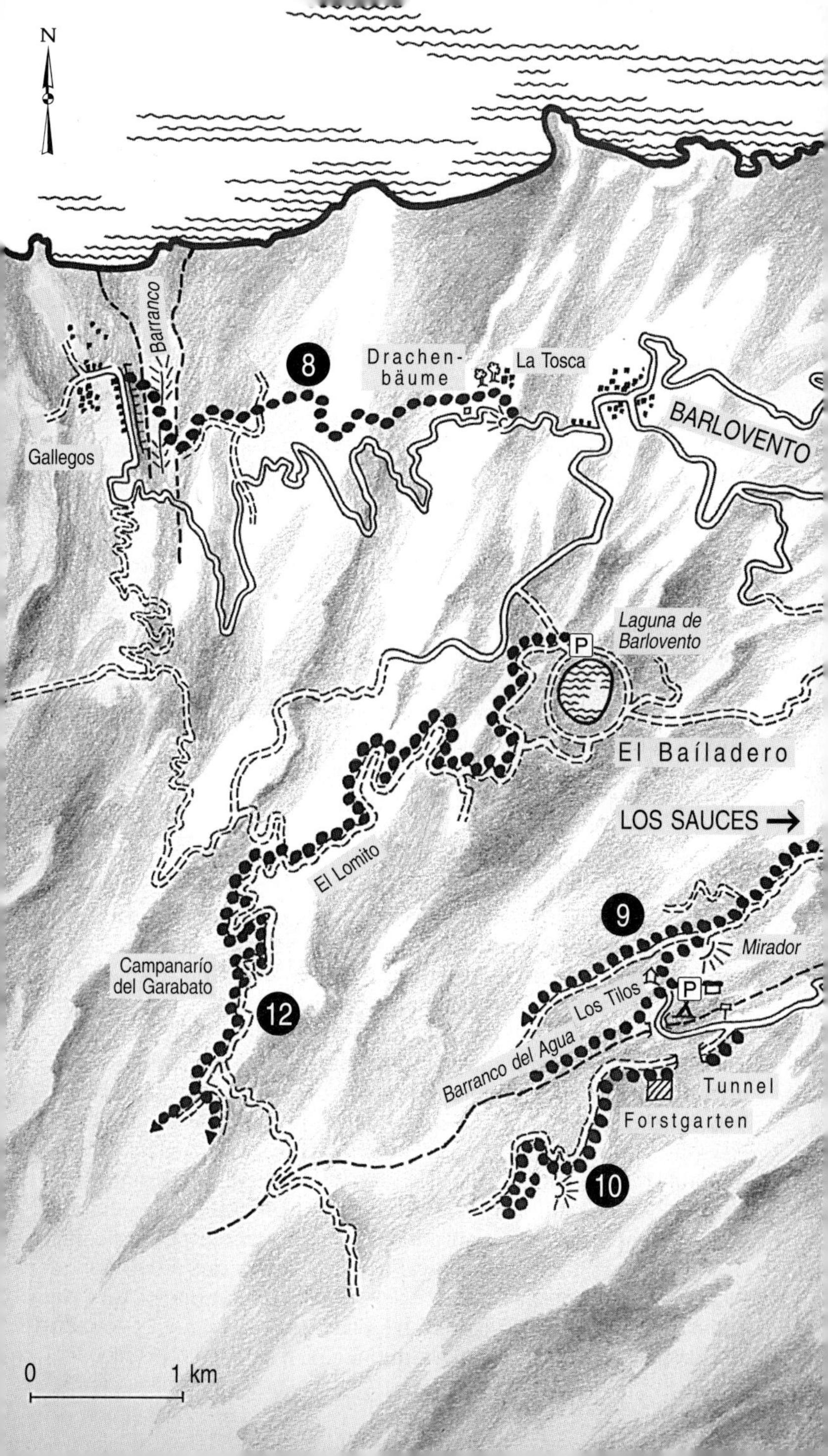
N
Barranco
8
Drachen-
bäume
La Tosca
BARLOVENTO
Gallegos
Laguna de
Barlovento
P
El Baíladero
LOS SAUCES →
El Lomito
9
Mirador
Campanarío
del Garabato
Los Tilos
P
12
Barranco del Agua
Tunnel
Forstgarten
10
0
1 km

gen Sie bei Los Tilos ein. Hier jedoch werden Sie den Fächer der Barrancos vor der Mündung ins Meer entdecken. Sie durchqueren diese Schluchten und übersteigen die trennenden Rücken. Nur von Führer und Kartenbild her kann sich wohl niemand die Unwegsamkeit eines solchen Geländes vorstellen. Bis er selbst diesen Querschnitt durch das Land der Barrancos zu Fuß erlebt hat. Und das auf historischem Weg.

La Palma de San Miguel war „Königsinsel" – direkt der spanischen Krone unterstellt. Ein Netz hervorragend angelegter, meist sogar gepflasterter Wege durchzog einst das insulare Herrschaftsgebiet. Handel und Wandel zogen auf ihnen einher, Maultiere trugen darauf ihre Lasten, und Herren wie Hirten benutzten sie jahrhundertelang. Freilich war nicht jeder dieser „Caminos reales" mit so sorgfältig gemusterter Wegoberfläche versehen wie der steinerne Weg, auf dem Sie von Garafia aus bereits angestiegen sind. Viele dieser Königswege hat der moderne Straßenbau verschluckt, mit der Schubraupe vernichtet, andere wurden von Asphalt zugedeckt. Jener Fernweg entlang der Nordküste hingegen, der von *Garafia* auf und ab bis *Barlovento* verläuft, liegt weitab von der neuzeitlichen Kultur. Das hat sein Überleben bislang gerettet,und noch ist er in etlichen Teilen begehbar. Ein Stück dieses uralten Verkehrsweges dient nun als beispielhafte Wanderroute. Wir wollen ihr folgen:

Auf der Straße von *Barlovento* nach *Gallegos* erreichen Sie den künstlich angelegten Aussichtspunkt oberhalb *La Tosca*. Sie können ihn nicht übersehen. Am Straßenrand fällt er als sauber in Steinpaketen ausgeführte und fast gärtnerisch gestaltete Plattform jedem Vorüberfahrenden auf. Zudem dürfte wohl jeden der Blick von hier auf Meer und Küste fesseln. Unter Ihnen liegt das gesamte Gebiet wie ein Bilderbuch ausgebreitet, das Sie nun durchwandern dürfen. Parken können Sie am Straßenrand vor dem Aussichtspunkt. Führungen verschiedener Reiseveranstalter vermeiden allerdings den einfachen und schnellen Zugang über die Fahrstraße und ziehen etwas oberhalb, angenehmer aber umständlicher, zwischen den Büschen hindurch. Von *Barlovento* her werden Sie diesen Abschnitt allerdings nur schwer finden.

Ein kurzer Abstieg auf der Geländefalte unter der Aussichtsplattform führt Sie hinab nach *La Tosca*, nur wenige Minuten dem deutlichen Steig folgend. Dabei fallen Ihnen sicher die Drachenbäume auf, zwischen deren urweltlichen Formen sich die puppenhaften palmerischen Steinhäuschen hineinschmiegen: das Erkennungsmerkmal auch von *La Tosca*. Reiseführer pflegen die lockere Ansammlung dieser für die Kanaren typischen Gewächse als sehenswerten Hain zu bezeichnen – bilden Sie sich selbst ein Urteil!

Am ersten bewohnten Gebäude empfangen Sie gackernde Hühner. Unterhalb dieses Stillebens gelangen Sie auf die Zufahrt ins Dörfchen. Sie folgen ihr nicht in den Ort, sondern durch einen seichten Graben ein Stück westwärts. Wo sich der Fahrweg teilt, gehen Sie nach rechts zu einem Miniaturgehöft. Nicht aufwärts zur Fahrstraße! Wenn Sie aufpassen, entdecken Sie nach der Gabelung eine wenig auffallende neue Markierung, der Sie sich fortan anvertrauen dürfen. Auf einem der Steine links des Weges befindet sich dieses weiße Fadenkreuz, ein Kreuz mit Kreis drumherum, dünn aber doch zu sehen.
Ab hier marschieren Sie durch überwiegend noch ursprüngliches bäuerliches Land à la La Palma. Nutzbäume, Streifen kleiner Felder, die sich in sorgsam angelegten Terrassen den Rücken hinab bis zur Steilküste senken. Einst war dies alles eine wohlhabende landwirtschaftliche Region. Sie hat über Jahrhunderte einen wichtigen Beitrag zur agrarischen Versorgung der Insel geleistet. Heute weiden hier die Ziegen, knabbern mehr als nur die verwilderte

Bäuerliches Land zwischen Barrancos im Nordosten (bei Barlovento).

Auf alten „Königswegen" hinein in die Barrancos.

Anbaufläche ab. Alte Bäuerinnen mit breitkrempigen Strohhüten führen dieses ihr Haustier „Gassi" zum Fressen, so wie im verstädterten Europa die Oma ihr Hündchen. Freilich mit mehr Geduld als bei uns. Denn Zeit spielt in dieser archaischen Landschaft keine Rolle. Warum auch: Die Jahreszeiten vergehen ohne merklichen Einschnitt, es grünt, es wächst, es blüht das ganze Jahr hindurch. Vor hundert Jahren, heute, morgen. Übrigens: Diese Señoras freuen sich über Ihren Gruß. Auch das gehört zum Urlaub.
Wo der gemächliche Rücken unausweichlich in den ersten Barranco abbricht, werden Sie zögern – da hinunter? Wählen Sie die richtige Spur, führt Sie der Steig gefahrlos bergab; wenn nicht, landen Sie halt als Sackgasse auf einem der mehr oder minder gepflegten Kulturterrässchen. Mehr kann Ihnen nicht passieren. Also keine Scheu und hinunter! An der Barrancokante setzt der Königsweg an, gibt sich anfangs etwas vergrast und überwachsen. Sie bekommen engen Kontakt mit dem anstehenden Buschwerk, mit mannshohen blühenden Stauden, mit Greiskraut, Johanniskraut, Margeriten,

auch mit Opuntien, Euphorbien, Agaven. Eine reiche Xerophytenflora hier im heißen Sonnenhang.
Wo der Steinpfad mitunter durch etwas schattigere, feuchtere Stellen zieht, erfreuen einen rechte Schauexemplare von meterhohen Zinerarien und andere saftstrotzende Blumensträucher. Wer mag schon die Zusammensetzung all dieser grünen Pracht zwischen den Felsen im einzelnen bestimmen wollen? Das vorgesehene Wanderziel käme da wohl recht schnell ins Hintertreffen.
Rasch ist man mit ein wenig Achtsamkeit auf dem steinbelegten Untergrund im Barranco drunten: Versickernde Reste eines Wasserlaufs, Steinblöcke, einengende Wände, die den Ausblick versperren. Drüber nur das blaue Band des Himmels. Die Sonne findet Sie, auch am Barrancogrund. Rasch hüpft man über das trockene Bachbett zum anderen Ufer. Elegant leitet hier der Königsweg die Flanke hinauf. Vielleicht staunt man ein wenig, wie geschickt die Trasse die gut begehbaren Wandabsätze zu einem veritablen Pfad zusammenfügt. Einige Felsstellen, Ziegengatter – und die Büschel der Natternköpfe, die weiß, rosa und blau alte Gärtchen überwuchern.
Wer auch nur einigermaßen trainiert ist, hat auf diesem Königsweg keine Mühe beim Steigen. Die Neugier auf die kleinräumig so rasch wechselnden Reize treibt ungezügelt voran. Ehe man sich versieht, ist man wieder oben, kommt direkt an einem Gehöft heraus. Der Haushund meldet, Sie stehen auf Asphalt. Die señora, die ihren mageren Köter zurückpfeift, erklärt, trotz Siesta freundlich, auf Befragen: „Ja, das war der ‚Camino real'. Wir haben ihn asphaltiert – wir wollen mit unserem Wagen fahren".
Ein kurzes Stück müssen Sie auf dieser Straße aufwärts. Passen Sie gut auf, rechts in einer Lücke im Gebüschsaum erkennt man bald wieder das weiße Fadenkreuz! Sie dürfen nun den Asphalt verlassen und schlendern wiederum auf altem Weg durch das bäuerliche Land. Drüben, wie greifbar, der Rücken, auf dem man vor kurzem stand. Rote Ziegeldächer spitzen dort aus üppigen Gärtchen, Terrassen stufen den grünen Kamm, dahinter immer das Meer, das an die Steilküste brandet. Und in Marschrichtung wieder der nächste, vom Gewürfel der Ziegeldächer belebte Kamm hoch über einem Barranco. Und danach nochmals ein Kamm, und wieder einer. Genießen Sie die Schau. Wenn Sie nur bis *Gallegos* wollen, hat es keine Eile.
Am Steilabhang taucht der deutliche Königsweg in den folgenden Barranco hinab, nirgends gefährlich und überall von wucherndem Grün gesäumt. Die steinerne Wegrampe holt in einer weiten Schleife aus, zieht gemütlich unter einem Felsband durch. Zaunreste

markieren die Weidegrenzen, ein angebundenes Ziegentier mekkert einer Herde nach. Malerisch! Wie in nostalgischen Veduten aus südlichem Alpengebiet. Nur die Flora erinnert daran, daß dieses traumhafte Wanderland doch weit, weit südlicher liegt.
Das kurzweilige Spiel des Hürdenlaufs durch die Gräben und über die Rücken wiederholt sich, hinauf, hinunter: In einem der Barrancos verläßt der Pfad unvermutet und bescheiden markiert den alten Weg. Er steigt durch Büsche zu einer neueren Piste an, zieht empor auf einen unbewohnten, verwildernden Rücken. Von der Fahrpiste weg, wendet er sich, zunächst erdig, sogleich wieder bergab und trifft auf den Königsweg im Abhang. Am Grund der Schlucht gewahren Sie in eine Felswand gegrabene Vorratshöhlen, nicht mehr benutzt, aufgegeben. Ein wenig verkommen wirkt sie hier, diese Umgebung. An den Kavernen vorbei geht es auf kenntlichem Pfad gleich wieder hinauf. Glasscherben liegen zwischen den Trittplatten, Kulturabfälle daneben, abseits bewohnte Ziegenställe im Fels. Unmittelbar nach der stimmungsvollen Barrancowildnis steht man dann – vor Autos. Sie parken zwischen einigen Häuschen wie ehedem die Tragetiere. Ist das jetzt *Gallegos*? Auch! Vor dem eigentlichen Ort aber liegt noch einmal das Hindernis eines tiefen Grabens: Hinunter – hinauf.
Ende des Abenteuers direkt an einem Tante-Emma-Laden mitten im Dorf. Die Häuserreihe säumt die einzige Straße, einige Alte halten ihr Nachmittagsschwätzchen. Mit ein paar freundlichen Worten angesprochen, geben sie gern Auskunft. Geht es hier weiter nach *Francese*? – Ja, zwei Stunden Weg. Aber schauen Sie lieber hinunter zum Meer – abwärts durchs Dorf zur Küste! – Wir sind unschlüssig, wir zaudern. Dann gehen wir schließlich entlang der Häuserzeile an einem Wasserkanal bergab, bewundern den Blumenschmuck vor den steinernen Wänden der Häuschen. Auffallend auch die Künste der Dorfbewohner beim Einparken: Zentimeterarbeit in den Hausnischen. Einen fahrbaren Untersatz braucht hier eben jeder. Wir werden das zu spüren bekommen.
Unter dem Sportplatz zögern wir, halten am letzten Gehöft an. Der Blick über die Felder zum Meer zeigt uns unmißverständlich, daß es zur eigentlichen Küste noch weit ist. Nicht nur ein paar Minuten! Zeit spielt für die guten Leute halt gar keine Rolle. Leider aber für uns! Wir spitzen nämlich auf die Mitfahrt mit einem Lieferwagen. Also zurück, zum Lädchen hinauf. Weg ist der Wagen! Was tun? Retour durch die Barrancos? Nein! Bleibt nichts, als zur Straße anzusteigen und daneben durch die zahllosen Kehren zu tippeln. Wir haben's getan. Versuchen Sie es nicht! Die Straße nach *Barlovento* folgt den Konturen der Geländerücken auf und ab, zackt wie eine

Auch Gartenblumen fühlen sich in der kanarischen Wildnis wohl.

Fieberkurve in jede Schlucht hinein – um vieles länger als der Weg durch die Barrancos! Hätte uns nicht ein Nissan-Pickup zu guter Letzt doch aufgepickt, unsere Füße in den festen Wanderschuhen hätten zu kochen begonnen.
Und die Moral von der Geschicht'? Schau dich rechtzeitig nach einer sicheren Rückfahrgelegenheit um! Oder rufe ein Taxi. Damit dir diese grandiose „Barranco-Hitparade" rundum in bester Erinnerung bleibt.

9 La Palmas wildester Barranco

Zum UNESCO-Biosphärenreservat im Lorbeerurwald des Barranco del Agua

Start: Abzweigung nach *Los Tilos* in der Straßenkehre der Küstenstraße im unteren *Barranco del Agua*. Karte S. 99 und 115.
Ziel: *Los Sauces* (zwischen Start und Ziel 1,5 km Asphaltstraße; wenn kein passender Bus verfügbar, evtl. Taxi verständigen).
Höhenunterschied: 400–500 m.
Gehzeit: Insgesamt 4–5 Std.
Route in Stichworten: Vor *Los Tilos* (geplantes Info-Zentrum) an der Brücke nach W hinab zum Wasserkanal – an ihm entlang bis zum Abstieg in den Barrancogrund – im *Barranco del Agua* aufwärts soweit wie möglich (Verhältnisse ändern sich nach jeder Regenzeit) – zurück nach *Los Tilos* – hinter dem Gebäude des Info-Zentrums auf schmalem Steig steil empor zu einem Mirador – weiter auf Ziehweg bis zur befahrenen Piste – auf ihr links aufwärts auf dem Kamm bis zu Schlagflächen mit Aussicht (nach Belieben auch weiter) – Abstieg auf dieser Piste, vorbei am Abzweig zum Mirador, hinunter nach *Los Sauces.*

Als „lebende Paläoflora" bezeichnen Fachleute den Lorbeerwald, den „laurel". Diese dichte und dunkle Waldgemeinschaft ist eine „makronesische" Besonderheit. Sie bewahrt eine im Tertiär im Gebiet um das heutige Mittelmeer weit verbreitete Waldformation. Einstmals bedeckte „laurel" in Höhen zwischen 500 und 1000 Metern die Madeiras. In kleineren, von menschlichem Raubbau degradierten Resten findet man ihn noch auf allen westlichen Kanaren. Der eindrucksvollste und noch ursprünglichste Restbestand blieb im Nordosten La Palmas in der Nähe von *Los Sauces* erhalten. Die UNESCO hat dieses Schluchtgebiet daher als „Reserva de Biosfera" ausgewiesen.
Das Florenbild des Lorbeerwaldes erinnert an tropische Bergwälder. Immergrüne Bäume mit schlanken Stämmen entfalten in 30 bis 40 Metern Höhe ein geschlossenes Kronendach. Lianenartige Klettergewächse, eine kräftige, blühende Strauchschicht, mannshohe Kräuter und Blumenlichtungen verstärken das Erlebnis Nebelurwald. Vorwiegend aus vier Lorbeerarten setzt sich dieser „laurel" zusammen, alle mit dem Gewürzlorbeer des Mittelmeergebiets verwandt. Eine dieser ihnen unbekannten Baumarten haben die spanischen Eroberer irrtümlicherweise „tilos" genannt, Linden also. So manche Führer erwähnen noch heute Linden an diesem Ort – die

Dichter Lorbeervorhang an zuwachsenden Wegen.

es tatsächlich nie gegeben hat. Nach *Los Tilos* mit dem größten Bestand dieser Lorbeerarten führt unsere Wanderung.
Wer den auf der Ostküstenroute verkehrenden Bus benutzt, kann direkt in der Barrancokehre an der Abzweigung des Sträßchens nach *Los Tilos* losgehen. Für Autowanderer, die keinen passenden Bus erreichen, bleibt leider kein anderer Weg, als am Rand der befahrenen Hauptstraße von *Los Sauces* in den Barranco zurückzumarschieren. Oder ein Taxi zu nehmen. Auf dem von der *Carretera general* stark steigenden Asphaltsträßchen kommt Langeweile bestimmt nicht auf. Kunstvoll terrassierte Bananenplantagen im Taleinschnitt werden bald von einer grünen, blühenden Pflanzenwelt abgelöst, der auch der botanische Laie ihre Fremdartigkeit anmerkt. Orangerote Glockenblumenblüten (Canaria canariensis) an diesem für die Kanaren typischen Klettergewächs fesseln schon hier den Blick. Sommerhäuschen, schließlich der gelungene Bau der neuen Ausflugsgaststätte „Los Tilos“ sowie der in den steilen Lorbeerhain unauffällig eingefügte Rast- und Campingplatz verleihen diesem siedlungsnahen Teil des Barrancos den Charme eines gefälligen, nur in Ansätzen gestalteten Naturparks. Ganz anders der anschließende urtümliche Abschnitt des *Barranco del Agua* selbst, das Urbild eines Barrancos – eine besonders eindrucksvolle Schlucht im Vulkangestein dieser Kanareninsel!

Kurz vor der Gaststätte mit kleinem Parkplatz wechselt die Asphaltstraße über eine Brücke auf die Nordseite der Schlucht. Zwischen Brückengeländer und Hang kann man von der Straße her den betonierten Wasserkanal betreten. An ihm wandert man ein Stück weit entlang, bis bequem ins Barrancobett abzusteigen ist. Danach beginnt ein wegloses Krabbeln über Felsbrocken und Geröll. Hoch ragen die Schluchtwände auf, mal als düstere Klamm, mal als V-förmig eingesägter Einschnitt. Überall tropft es, rieselt es. Mächtige Farne und Efeustricke hängen von oben in die feuchte Tiefe herab. Man fühlt sich hineinversetzt in einen Abenteuerfilm, der im tropischen Nebelurwald spielt.
Spätestens nach der dritten, auf eingehauenen Kerben überwindbaren Felsstufe muß jeder aufgeben. Aus dem Barrancogrund führt nach oben kein Ausweg hinaus. Zurück also nach *Los Tilos*, zurück zum geplanten Info-Zentrum für das UNESCO-„Reserva de Biosfera". Hier ist in Zukunft die informative Einführungsschau für den Lorbeerurwald vorgesehen – ein höchst erfreulicher Service für jeden Freund der Natur.
Gleich hinter dem im Kanarenstil bereits fertiggestellten Informationsgebäude klettert ein schmaler Steig steil durch den Lorbeerhochwald empor. Am Kamm schließlich ein Mirador, ein mit Geländern eingefaßter Aussichtspunkt. Das schattige Plätzchen eröffnet eine Übersicht über das Gebiet um Los Tilos und über das ganze Biosphärenreservat. Steile Waldkulissen grenzen die urtümliche Schluchtlandschaft ab. In der Gegenrichtung das Kontrastprogramm: die Sicht auf das weiße Häusergewürfel von *Los Sauces*, dahinter das Meer. La Palmas typischer Nordosten.
Den vom Mirador sacht absteigenden Fahrweg sollte man bald auf breiter Erdpiste nach links verlassen. Hier kann man den Übergang vom Lorbeerwald in die „Fayal-Brezal-Zone" exemplarisch studieren. Dieser übermannshohe Buschwald aus Erikabäumen, gemischt mit Myrten und Stechpalmen, wird zur Stangengewinnung für die Bananenplantagen genutzt. Höher oben an dieser Piste gelegene Schlagflächen gestatten dann auch einen interessanten Überblick über diesen Teil der Insel. Der Rückweg hinunter in das typische Kanarenstädtchen *Los Sauces* beschließt diese anschauliche Exkursion durch die Vegetationsstufen mit ihren zahlreichen endemischen Arten. Kluge Leute haben es ausgezählt: 27 Prozent der hier anzutreffenden Gewächse sind dem europäischen Urlauber vom Festland fremd. Ein Hinweis mehr auf den exotischen Reiz der grünen „Isla bonita", La Palma.

Steige erschließen Lorbeer-Urwälder bei Los Tilos.

10 Der Forstweg in die Montes de Canal y Los Tilos

Leichter Anstieg durch Lorbeerwald für jedermann – auch ohne Pfadfindertalent!

Start/Ziel: Abzweig der Forstpiste *Montes de Canal y los Tilos* (Parkplatz). Siehe Karte S. 99 und 115.
Höhenunterschied: 300 m.
Gehzeit: Insgesamt 3½–4 Std.
Route in Stichworten: Auf mit Kette abgeschlossenem Fahrweg, unweit vor Los Tilos auf der S-Seite des Tals links abzweigend (Tafel „Montes de Canal y Los Tilos") hangaufwärts auf deutlichem Sträßchen (nach dem Wasserhaus u.U. stellenweise verschüttet) – bei ausgeschobenem Umkehrplatz links auf Steig mit Stufen und Geländer zu meteorologischem Meßpunkt – auf der Straße zurück.

Eigentlich wollten wir uns diesen Ausflug sparen. Nach dem eindrucksvollen Trip durch den Barranco del Agua zum Mirador – was sollte da ein Spaziergang auf der Forstpiste noch bringen! So verlockend erschien uns der in den dichten Waldhang ansteigende Fahrweg nicht. Erst durch unsere auf der Insel ansässigen Wanderfreunde ließen wir uns zum Besuch überreden. Sie hatten mit ihrer nachdrücklichen Empfehlung recht.
Nein, wie lohnend dieser Spaziergang doch ist, das hätten wir uns nicht vorgestellt. Wirklich ein angenehmes Abenteuer, die drei Wanderstunden allemal wert. Eindrücke vom subtropisch-atlantischen Bergurwald konnten wir zwar schon im Barranco del Agua sowie am „Indianerpfad“ zum Mirador sammeln, gleichsam hautnah. Hier aber, am breiten, schattigen Forstweg fühlten wir uns fast wie in einem botanischen Ausstellungspark. Es fehlen nur die Beschriftungen, die Schildchen an den Gehölzen. Leider: Denn dies wäre für Freunde der exotischen Natur ein so verlockender Service, daß er auch die weite Anreise umso mehr lohnte, und wo verzichtet in unseren Alpen eine Fremdenverkehrsregion heute noch auf Naturlehrpfade? Warum nützt das Wanderparadies La Palma solchen Anreiz nicht?
Der Zugang zu diesem Abenteuer erfolgt vom Bergsträßchen nach *Los Tilos.* Unweit vor der Brücke zum Ausflugsrestaurant zweigt eine Forstpiste ab. Vis à vis zwei, drei Abstellmöglichkeiten für den Wagen. An der Tafel mit nichts als der Aufschrift „Montes de Canal y Los Tilos“ mag sich jeder Fremde denken: Diese Kanalberge, dieser dichte Urwaldverhau – nichts für mich! Kaum etwas deutet auf ein hier verstecktes, interessantes Wandererlebnis hin.
Hinter der Absperrkette steigt eine ausnahmsweise steile Forststraße an. Einige fremdartige Gewächse im Fels des angeschnittenen Hanges. Aber sonst? Bald kommt die erste Überraschung: ein lustiger Tunnel. Hohl hallt der Schritt, geblendet strebt man dem Viereck des Tageslichts am anderen Ende zu. Und siehe da – dahinter ein sauberer Forstgarten, rabattenartige Pflanzungen von irgendeinem freundlichen Gehölz. Dann hält der kaum mehr befahrene Weg Einzug in das lichte Dämmer des Lorbeerwaldes, das charakteristische Gewirr krummbeiniger Stämme in Augenhöhe, darüber ein geschlossenes Blätterdach. Vier immergrüne Lorbeerarten, die unsereiner doch nicht auseinanderhält. Durch mehr als ein Dutzend anderer Gehölzeinsprengsel wird einem dies auch nicht leichter gemacht. Nicht einmal einen richtigen deutschen Namen haben sie, diese giftigen Avocado-Verwandten „viñatigo“, das kanarische

Im feuchten Schluchtwald wuchern Efeu und Farne.

Ebenholz „barbusano“, und wie sie sonst noch heißen mögen. Sie alle hält die Wissenschaft für Überbleibsel aus dem Tertiär. Und selbst die dazwischen wachsenden Ilex-Arten, diese Stechhülsengewächse, sehen gar nicht so aus, wie wir sie kennen.
Auch wenn die Bäume unbekannt sind, dem Reiz dieser grünen Waldgemeinschaft darf man sich bedenkenlos überlassen. Geben Sie sich dieser Stimmung in den folgenden Stunden hin! Gefährliches Getier gibt es hier nicht. Insgesamt ist die Wildfauna der Insel nicht gerade artenreich. Die palmerische Eidechse mit ihren blauen Seitenflecken sowie der kleine Gecko bevorzugen Gestein in der Sonne, die gern bejagten Massen der Wildkaninchen das Buschland. Die meisten Festlands-Säugetiere haben den Sprung auf die Insel nicht geschafft. Erfreuen kann sich der Wanderer hingegen an einer Anzahl schöner Schmetterlinge; der Monarch ist davon wohl der größte. Eine gewisse Artenvielfalt verrät auch der Gesang der Vögel, besonders vor dem Sonnenuntergang. Lauschen Sie diesem Konzert! Mancher Ruf wird Sie an unsere Vogelwelt erinnern; die Sänger aber gehören meist inseltypischen Arten an. Und wenn dann im Schatten des Blätterdachs unsichtbar Flügelschlag klatscht, so ist dies bestimmt kein Birkhuhn. Sie haben die seltene Lorbeertaube aufgescheucht, deren Lebensraum immer mehr schwindet.
In diesen Stunden werden auch Sie gewiß zum Bewunderer dieses „laurel“, den Botaniker als einen der eindrucksvollsten und damit schützenswertesten Waldtypen der Welt bezeichnen. Auf La Palma gibt es ihn noch. Hier im Biosphärenreservat der UNESCO. Und selbst wenn Sie kein ausgesprochener Waldfreund sind, so werden Sie diesen Gang als reizvoll empfinden. Einige gelegentliche Blicke hinunter in die Schlucht, vom sicheren Weg aus, sind nicht beängstigend. Eine Lichtung mit Wasserhaus, dann einige Kehren, teils Hohlweg, teils aufgeschlichtet. In den Hohlwegstrecken nach dem Wasserhaus ist der Fahrweg auch mal verschüttet, ein wenig Klettern über die Massen ist notwendig.
Längst haben Sie die Orientierung in der komplizierten Topographie verloren, den unverkennbaren Weg indes nicht. Irgendwann landen Sie schließlich auf einem Stück ausgeschürfter Pistenverbreiterung. Es wird licht – nur zu sehen ist von der Barrancoumgebung wenig. Sie könnten nun den Fahrweg weiterverfolgen. Er führt nirgendwo hin. Kenneraugen entdecken auch dann und wann Steigspuren hinter dem Straßensaum, die in den Dschungel eindringen. Ich rate davon ab, diese alten, an den heikelsten Stellen verfallenen Jägersteige durch die Steilhänge zu erforschen. Auf La Palma gibt es kein bis zum letzten durchorganisiertes Bergrettungssystem!

Was Sie hingegen unbedingt sollten: sich am Umkehrplatz genau umsehen. Anfangs kaum kenntlich, taucht an dieser Verbreiterung ein Steig in den Wald ein. Obacht – nicht in Marschrichtung, sondern nach Nordwesten! Also fast genau entgegengesetzt zur letzen Aufstiegsrichtung. Hinter Lorbeerbäumen überraschen Trittstufen, auch mal ein Geländer. Sie erkennen schnell, es muß ein Kamm sein, den Sie begehen. Eine in die Schlucht wie ein aufgestelltes Brett hineingeschobene Kulisse. Wie schmal dieses Gebilde ist, merken Sie, wenn Sie plötzlich entlang einer Felsschneide auf einem gesicherten Steig emporklimmen. Empor ins Freie. Zu einem Mirador? Nun, zuoberst auf der luftigen Plattform befindet sich zwar nur ein meteorologischer Meßpunkt, indes, der Blick von hier oben in den Barranco raubt einem den Atem.

Vielleicht wäre die Forstbehörde über häufigen Besuch hier oben wenig begeistert. Sie müssen auch gar nicht vollends hinauf. Schon auf den oberen Stufen liegt unter ihren Füßen das ganze Schluchtensystem ausgebreitet, überhöht von den begrenzenden Kämmen – exemplarisch, ein Lehrstück! Sie stehen inmitten eines Schaureliefs. Aus halber Höhe erfassen Sie die Oberflächengestaltung eines Barrancos, der, sich verästelnd, den Nordhang der *Cumbre de los Andenes* zersägt.

11 Cubo de la Galga – Was ist denn das?

Kurzer Ausflug in einen vielgepriesenen Talschluß im Nordosten der Insel

Start/Ziel: Unmittelbar vor dem ersten Tunnel hinter *La Galga* (Kilometer 19 der Ostuferstraße, Richtung N).
Höhenunterschied: 250 m.
Gehzeit: Insgesamt 2–3 Std.
Route in Stichworten: Piste im Barranco aufwärts bis zu engem, finsterem Talschluß – am Rückweg auf gleicher Route Abstecher an erster Abzweigung links in freundlicheren Talkessel.

Der eigentümliche Name dürfte wohl jedem deutschen Wanderer auffallen. Vorstellen kann er sich darunter nichts – selbst wenn er ein Foto in die Finger bekommt. Der Ruf dieses in Reiseführern gepriesenen Talschlusses dürfte freilich für viele ein Anlaß sein, den so gelobten „Cubo" zu besichtigen. Um von vornherein Enttäuschungen für Wandernde auszuschließen: Solange der Steig entlang dem Wasserkanal durch den Steilabfall des *Lomo Pinero* nicht wiederhergestellt ist, wird der einzig verbliebene Fahrweg in den *Barranco de la Galga* hinein nur diejenigen zufriedenstellen, die das Wandern in einem engen Tal lieben.
Ja, wäre der Kanalweg noch für jedermann begehbar, so würde vielleicht am oft empfohlenen Rundkurs von *La Galga* aus nur das unvermeidliche Stück Asphalt am *Lomo Pinero* und schließlich noch der knappe Kilometer Rückweg auf der stark befahrenen Küstenstraße ein wenig stören. Die vordem gebräuchliche Route war selbst recht abwechslungsreich, und im Steilabfall entlang der Wasserrohrleitung entbehrte sie nicht einer gewissen Pikanterie. Heute freilich ist dieser Steig durch Gestrüpp versperrt. Offensichtlich will man nicht, daß die letzten Reste des weggebrochenen Wegstückes auch noch abgetreten werden. Ich erspare mir deshalb, den Rundkurs zu schildern. Obwohl einige Korrekturen zu wenig verständlichen Führerbeschreibungen angebracht wären.
Lassen Sie sich bei der Anfahrt nicht von einem Richtungsschild „Cubo de la Galga" zum Abzweigen verleiten. Diese gut ausgebaute Stichstraße auf den *Lomo Pinero* führt nicht in den „Cubo"! Auch nicht zu einem Mirador mit Einblick in den Talschluß. Wandern hingegen läßt sich vom Straßenende aus am Lomo wunderschön. Etliche Karrenwege durchziehen diesen Terrassenhang. Überwachsene Steige von ehedem gewähren Entdeckerfreuden und führen Findige wieder zum geparkten Wagen zurück.

Laguna de Barlovento
El Baíladero
LOS SAUCES
San Andrès
9
Mirador
Los Tilos
Barranco del Agua
Tunnel
Forstgarten
10
Garachico
Tunnel
11
La Galga
Lomo Piñero
SANTA CRUZ →
Wasserfall
N
0
1 km

Auf Wegspuren im Nebelurwald.

Nein, den Ausgangspunkt des Fahrweges in den Barranco können Sie nicht übersehen, wenn Sie auf der Küstenstraße bleiben. Kurz vor dem Tunnel hinter *La Galga* geht bei Kilometer 19 linker Hand eine Fahrspur von der Staatsstraße ab, überquert das trockene Bachbett – und führt mitten durch Mülldeponien. Fahren Sie schnell weiter! Aber nicht ganz hinein in den Talschluß. Überlassen Sie dies den Palmeros am Sonntag, stellen Sie irgendwo Ihren Wagen ab und nehmen Sie den Fahrweg unter die Füße. Nur so nehmen Sie die Eindrücke des schmal eingeschnittenen Bachtales auch wirklich auf.

Sieht man nicht genau hin, dann erinnern die Bilder am Fahrweg an ein südliches Voralpental. Hier ein sonniger, freier Abschnitt, da eine kleine Felswand. Blockwerk im ausgetrockneten Bach, dazwischen überall schattiges Laubwerk auf abenteuerlich verschraub-

ten, gebogenen Stämmen; Kanarenwinden, glänzende Efeublätter und Brombeerranken, stark wie Taue.
Natürlich wissen Sie schon: Hier muß es sich um Lorbeerwald handeln. Genießen Sie diesen Eindruck. Nur der gemächliche Marsch durch das an Wochentagen verträumte Waldtal befördert den Erlebniswert dieser Tour ans Licht. Und der Talschluß, der „Cubo"? Ein von den abschließenden Felspartien eingezwängter, steil ansteigender Waldwinkel mit dem Viadukt der Wasserleitung. Finster, beengt. Gnädig überdecken im Frühjahr frischer Schutt und Geröllmassen so manchen Picknickmüll. Trotz Entsorgungsaktionen einiger auf der Insel ansässiger Wanderfreunde liegt immer noch zu viel Abfall am und um den an Sonntagen häufig besuchten Rastplatz: Das einzig Sehenswerte an diesem „Cubo" – nach meiner bescheidenen Ansicht – ist der Wasserfall. Aber nur nach ausgiebigen Winterregen.
Doch ist dieses grob mit der Raupe ausgeschobene Straßenende wirklich der berühmte „Cubo"? Die Antwort bleibt die amtliche Karte schuldig. Reifenberger (La Palma-Handbuch) indes meint, der „Cubo" läge knapp nördlich in einem kleinen Seitentälchen; am Rückweg vom wenig sympathischen Rastplatz: erster Fahrweg links, und dann wieder rechts. Also auf, auch da hinein! Tatsächlich öffnet sich hier ein lichtes Talende mit niederem Busch und Wasserfall. Das Oval aus Waldkämmen und Wandstufen ist gewiß einen Besuch wert. Ein harmonisch komponierter Einblick in die Falten des Waldmantels bietet sich da. Kein Rastplatz, kein Müll. Freilich auch Spuren menschlicher Anwesenheit: Reste von Stahl und Beton von irgendwelcher wirtschaftlichen Nutzung. Die Unschuld ist leider auch hier dahin.
Welches Talende von beiden nun der „Cubo" ist? Lassen wir beide als solchen gelten. Und suchen Sie deshalb bei Ihrem Ausflug auch beide in ihrer Gegensätzlichkeit auf. Der Kontrapunkt des freundlicheren Endes mag Sie dann mit der etwas düsteren Angelegenheit „Cubo" doch noch versöhnen.
Anmerkung, nur für erfahrene Bergwanderer: Durch die Öffnung im Viadukt der Wasserleitung führt ein zunächst kaum kenntlicher Steig die „montes" empor. Verschwiegene Lichtungen, Waldwiesen, Blicke in die tief eingesägte Klamm … Leicht sind die Wegreste nicht zu finden, zudem an kritischen Stellen leider auch abgerutscht. Wer sich darüber hinwegmogeln kann und die Spur im wuchernden Grün nicht verliert, wird durch urige Eindrücke vom alten La Palma belohnt. Sollte Ihnen dabei etwas zustoßen, so sagen Sie nicht, ich hätte Sie angestiftet. Versuch ausschließlich auf eigene Gefahr!

12 Durch die Gebirgswälder im Norden La Palmas

Geruhsames Waldwandern auf gemächlich ansteigenden Forstwegen

Start/Ziel: *Laguna de Barlovento* (Parkplatz, von *Barlovento* auf überwiegend guter Straße erreichbar). Siehe Karte S. 99.
Höhenunterschied: Bis etwa 900 m.
Gehzeit: Insgesamt mehrere Std., je nach Bedarf.
Route in Stichworten: Im W der *Laguna* auf Erdstraße, allgemein rechts haltend, und über Forstpisten, den deutlicheren Fahrspuren folgend, ansteigen, soweit man mag.

Die Nordküste ist oberhalb der alten Küstenpiste weithin mit kaum durchdringlichem Gebirgswald überwuchert. Auf viele Kilometer gibt es zwischen dem wunderschönen Hotel „Romantica" in Barlovento und der Casa Roque Faro keine bewohnte Siedlung. Abgelegen und noch recht einsam ist dieser Inselteil, eine Gegend, der die Flügel der Phantasie früherer Reisender zum Ehrennamen „Schweiz La Palmas" verholfen hat. Wie alle nachgängig getauften „Schweizen" ein sehr gewagter Vergleich. Wenn sich auch diese Insel gerade bei schwyzerdütschen Touristen einer auffälligen Beliebtheit erfreut.
Nirgendwo Schweizer Häuschen, kein Simmentaler Vieh. Ein Matterhorn fehlt, und ebenso stehen keinerlei Eisriesen im Hintergrund. Immerhin: La Palmas Norden ist noch ein uriges Gebirgsland. Wer fern der bewohnten Welt ungestört wandern will, kommt hier voll auf seine Rechnung. Forstpisten winden sich an verschiedenen Hangrücken empor, kaum eine aber erreicht den Kamm der *Cumbre de los Andenes.* Freilich hat wohl auch kaum jemand Lust, die mehr als zweitausend Höhenmeter nach oben zu Fuß zu bewältigen, muß er doch auf dem gleichen Weg auch wieder zurück. Jedoch ist das gemächliche Ansteigen auf diesen naturbelassenen Pisten zu jedem beliebigen Zeitpunkt abzubrechen. Auslauf nach Maß also, ganz nach Bedarf.
Als Ausgangspunkt fürs Wandern kommt die recht entlegene Mitte des Nordens, die eigentlich „palmerische Schweiz", weniger in Frage. So geht man üblicherweise von *Barlovento* aus, dem locker ausgebreiteten Dorf im Nordosten der Insel. Genauer gesagt: von der *Laguna de Barlovento*, die keine Lagune im eigentlichen Sinne ist, sondern der Versuch, einen Vulkankrater zu einem Speichersee

umzufunktionieren. Das Ewigkeitswerk ist noch immer in Arbeit – die Natur macht Schwierigkeiten. Sollte der in der Nähe der Laguna parkende Wanderer Zweifel am Fortgang der Arbeiten haben, der Bauzaun mit den europaüblichen Verbotsschildern bestätigt es. Helm auf vor Betreten der Baustelle! Auch auf La Palma.
Bei der Anfahrt empfiehlt sich ein Kirchenbesuch in *Barlovento*. Nicht, um für sonniges Wetter zu beten. Obwohl dies hier an den Nordosthängen wegen bevorzugter Passat-Staulagen häufiger notwendig wäre als sonstwo auf der Insel. Nein, das Innere der Kirche ist wirklich sehenswert. Und wenn schon an den Bergen Passatwolken kleben – auch ziehende Nebel zwischen den Besen der Erikabäume haben ihre eigene Schönheit. Die Vorzüge dieser Waldstrecken liegen ohnehin nicht in der Aussicht. Ihr Wert ist die beruhigende Wirkung der sich nur allmählich verändernden Waldkulisse auf das Gemüt. Urlaub hier also vom raschen Wechsel der Landschaftsreize.
Nach dem Start zum Wandern geht's rechts herum um die *Laguna de Barlovento*. Und bei der nächsten Möglichkeit gleich wieder rechts! So kommen Sie durch das Buschland gemächlich an den Wald heran. Freilich könnten Sie auf diesen Erdpisten auch fahren, so weit Sie wollen. Nur vergessen Sie dann nicht, den Wagen irgendwo abzustellen. Gemächlich schlingt sich der Fahrweg weiter durch abseitige Tälchen, holt weit um die auslaufenden Kämme aus. Bei Abzweigungen wählen Sie stets den befahrenen Wegast: Er führt weiter. Im Grunde aber bleibt es sich völlig gleich, ob Sie die Waldszenerie auf dieser oder auf jener Strecke genießen.
Langsam nur kommen Sie höher, sanft ansteigend in weiten Schleifen. Hie und da ein kurzer Durchblick, vielleicht auf ein Stück Meer, mal ein Tiefblick hinunter in einen der Barrancos, der Gliederung in die Hänge bringt. Ausdauernde Geher erreichen schließlich den lockeren Pinienwald. Irgendwann verlieren sich auch die Reifenspuren – und plötzlich ist die Piste zu Ende. An einem Umkehrplatz, günstigenfalls auf einer Lichtung, einer Verebnung. Nicht aber auf einem Aussichtspunkt. Wenn Sie Glück haben, erkennen Sie hoch über sich ein wenig vom Kamm der *Cumbre de los Andenes*. Ansonsten steht, vis à vis über einem tiefen Graben, unerreichbar der nächste Höhenrücken. Und irgendein Vogel ruft hämisch im dichten Unterholz.

13 Durch Pinienwälder zum versteckten Mirador

Lange Höhenwanderung zum grandiosen Mirador El Time

Start: Abzweigung des derzeit unbefestigten Fahrweges scharf rechts zwischen Kilometerstein 73 und 74 der Westküstenstraße von *Los Llanos* hinter *Tijarafe* (an der Abzweigung Parkplatz).
Ziel: 2½ km südlich *Tijarafe* an der Westküstenstraße (zum Ausgangspunkt zurück mit Bus, Taxi oder 6 km auf der Straße).
Höhenunterschied: 550 m.
Gehzeit: Insgesamt 5–6 Std.
Route in Stichworten: Von Abzweigung an der Hauptstraße auf Piste (im Ausbau) ansteigen – nach Waldstück steil durch Weinberge abkürzen – Fahrweg zum Richtungsschild „El Time" – nach rechts auf Waldpiste fast eben zum Mirador – auf selbem Weg zurück, bis deutlicher Karrenweg nach links abzweigt – auf ihm hinab bis zu asphaltierter Straße – weiter rechts hinunter zur Hauptstraße.

Man liest von ihm. Aber man findet ihn nicht auf der Karte, so sehr man sich auch bemüht. Organisierte Führungen auf der Insel bieten ihn an, doch im Gelände entdeckt man keinerlei bezeichnete Zugangshinweise. Die Rede ist vom Aussichtspunkt *Mirador El Time*. Wir haben herumgerätselt, ob da nicht eine Verwechslung vorliegt. Vielleicht mit dem Restaurant „El Time"? Das thront genau dort, wo die Westküstenstraße aus dem bezaubernden Aridane-Tal den Steilhang des Barranco de las Angustias überwindet. Die Terrasse vor dem Lokal bietet einen phantastischen Ausblick über das Valle de Aridane und Teile der Westküste. Aber passen zu diesem Platz die Zeitangaben für Fußgänger, die man hie und da lesen kann? Und wer wird schon auf dieser stark befahrenen Straße wandern wollen!
Aus solchen Zweifeln hat uns der Kompaß-Wanderführer „Kanarische Inseln" befreit. Diese zuweilen nützliche Wanderhilfe schlägt einen Höhenweg oberhalb *Tijarafe* vor, der einen typischen Querschnitt durch die Pinienwaldformation an den Ansätzen der Barrancos mit dem Besuch des Miradors verbinden soll. Dazu noch Tiefblicke aufs Meer und viele fremdartige Gewächse. Also nichts wie hin und die Route nachgehen.
Dem Namen *Tijarafe* auf dem Ortsschild hört man die fremde, berberische Herkunft an. Mit „Giraffe" hat er wohl kaum etwas zu tun. Wir aber haben ab hier die Hälse langgemacht wie Giraffen und

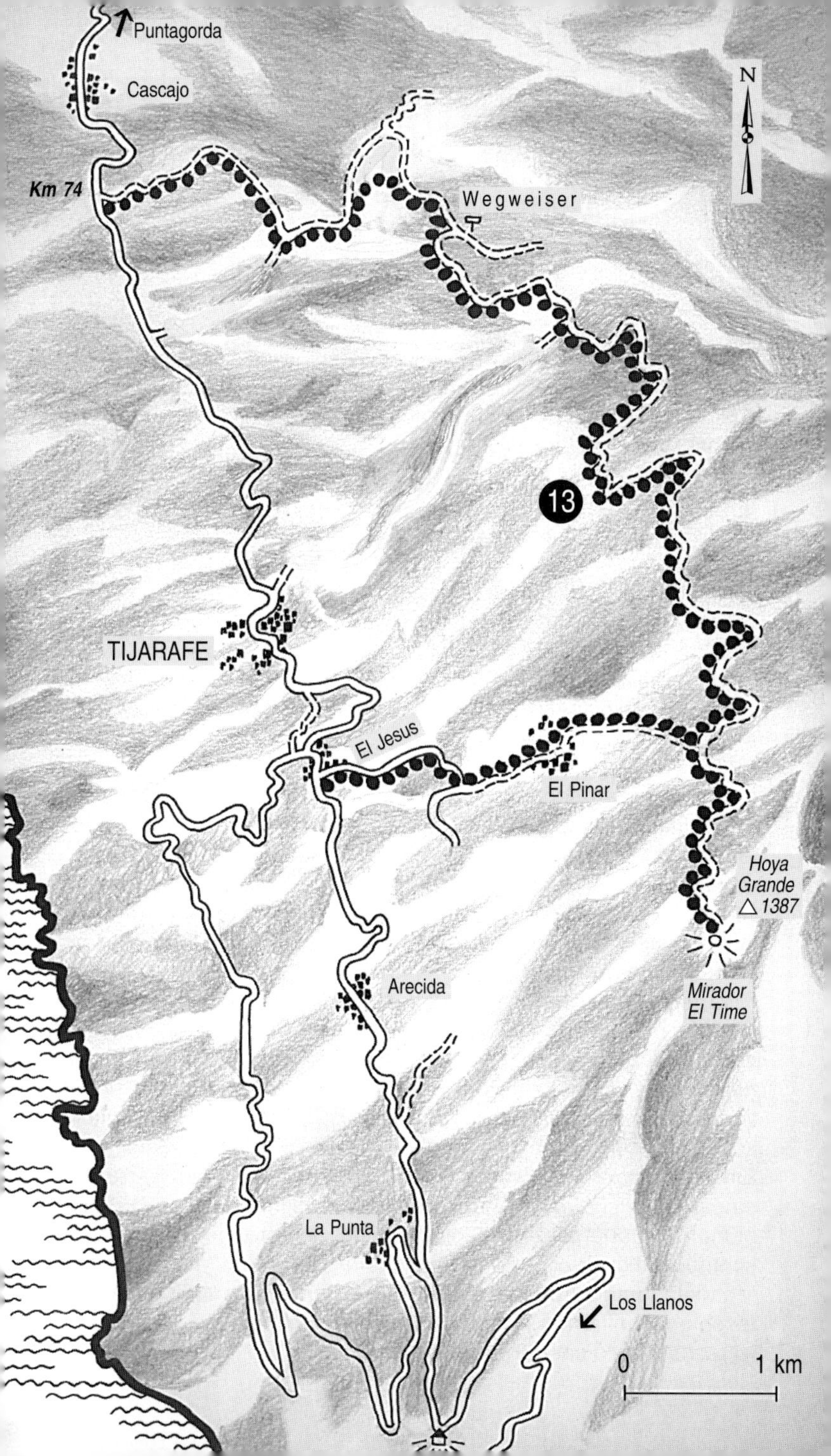
Puntagorda
Cascajo
N
Km 74
Wegweiser
13
TIJARAFE
El Jesus
El Pinar
Hoya Grande
△ 1387
Mirador El Time
Arecida
La Punta
Los Llanos
0
1 km

Wandern im kanarischen Bergwald auch am Sockel des Bejenado. Hier aber mit Durchblicken auf die freundliche Talweite von El Paso/Los Llanos.

nach den Kilometersteinen ausgeguckt. Tatsächlich: Da stand der Stein mit der Aufschrift „km 73“. Das Sträßchen, das etwa 800 Meter danach rechts abzweigt, läßt nichts von einem Höhenweg ahnen. Der Aufstieg ist eine sonnige Angelegenheit, die reichlich Staub aufwirbelt. Indes: man gewinnt in Kehren zügig an Höhe. Hühner an einzelnen Häuschen am Wegesrand vermelden durch Gackern die Fremden. In den Weinbergen verkünden neue, in den Fels gegrabene Kavernen, daß auch auf La Palma die Zeit nicht bei den gegenwärtig vorherrschenden Bananenplantagen verharren wird. Die Tage dieser Wasserfresser und Bodenverderber sind möglicherweise gezählt. Der Bananenanbau ist nur durch Subventionen rentabel, die nach dem Beitritt Spaniens zur EG wegfallen könnten. Irgendwann.

Ein Waldstück folgt, danach läßt sich rechts auf steilem Karrenweg eine weit ausholende Straßenschleife abschneiden. Im Frühjahr blühen da überall Wildgladiolen, und der orangefarbene Mohn schmückt die verwilderten Wiesen unter den kaum mehr genutzten Mandelbäumen. Auf den terrassierten Hängen aber treiben jetzt die frisch geschnittenen Rebstöcke aus. Wieviel Schweiß mag die Bewirtschaftung dieser Abhänge kosten!

Am wasserzerfurchten Sträßchen, auf das man wieder trifft, geht es weiter hinauf. Dann ein behördliches Richtungsschild, unübersehbar. Wirklich: „Mirador El Time" ist darauf zu lesen. Die hier nach rechts abzweigende Erdpiste wäre auch mit dem Auto befahrbar. Aber das tut kein Tourist. So geht man hier ungestört und einsam zu Fuß einen ansetzenden Barranco nach dem anderen ab. Schreitet auf weichem Filzteppich aus Piniennadeln in die Schluchtengräben hinein.
Die Büschel dieser bis 30 Zentimeter langen Nadeln sind das unverkennbare Merkmal der kanarischen Kiefer (Pinus canariensis). Mit diesen langen Fingern fängt der Baum Wasser aus der feuchten Luft ein. Der Umriß des Nadelbaumes wechselt von wild verzweigten, an alte Zirben erinnernden Kronen bis zu säulenförmigen Flaschenbürsten. Diese auffällig schlanke Form ist eine Folge der häufigen Waldbrände, die der Baum durch Neuaustrieb am Stamm übersteht. Die Äste freilich fallen der Vernichtung anheim. Leider herrschen vielfach die durch Brand deformierten Bäume vor. Das nach den Bränden nachwachsende junge und weiche Gebüsch kommt so manchem Ziegenhalter als Futter nicht ungelegen – von Brandstiftung aber weiß niemand was ...
Verkohlte Brandspuren in der dicken, roten, grobrissig gefelderten Borke sind auch hier im Pinienbestand am Wegesrand zu erkennen. Unerschrocken krallt sich dieser lichte Wald selbst an den steilsten Stellen fest. Auf den gleichförmig mit braunem Nadelpelz überzogenen Boden zaubern die Schattenspiele der stechenden Kanarensonne ein wenig Abwechslung. Gras und Unterholz kommt meist nur auf Freiflächen auf. Monoton? Nein! Immer wieder überrascht der Weg mit reizvollen Durchblicken auf das fröhlich-grüne Kulturland der tiefer gelegenen Hänge. Und auf das Meer, das im Dunst der Ferne verblaut. In der Nähe aber verblüffen in dem durch Wegebau angeschnittenen Gestein die großen Dickblattgewächse von Aeonium und Greenovia – überdimensionale Hauswurzarten, gelb bis weiß, die gut einen Meter Höhe erreichen. Einige von ihnen kommen nur auf La Palma vor. Was da sonst noch grünt und blüht, ist selbst für profunde Pflanzenkenner nicht immer zu bestimmen. Man schaut und staunt. Und bemüht wiederholt die Kamera.
Nach längerer, nahezu ebener Marschstrecke fällt an einigen waldfreien Stellen aufgegebenes Kulturland auf. Die weit hinaufziehenden Terrassenmäuerchen verfallen, Wein und Nutzbäume verwildern, und der Pinienwald holt sich die Brache wieder zurück. Zwischen den uralten Rebstöcken spielen jetzt buschige Pinienkinder. Der Harzduft der Kiefern deckt den Schweiß der Palmeros vergangener Geschlechter zu.

Zwei ansteigende Kehren, erste rot oder weiß blühende Zistrosenbüsche. Die Piste geht einen mächtigen Einschnitt unter dem Calderakamm aus. Weit schweift der Blick über Felsstufen hinauf, wo die Silhouette der Kiefern in das Himmelsblau greift. Irgendwann zweigt rechts der einzige Fahrweg ab, der durch teils verlassene Gehöfte recht malerisch die tief unten liegende Küstenstraße erreicht. Ebenhin weiter, schneidet der Feldweg in offene Hänge ein, die wieder bewirtschaftet werden. Der stundenweite Begleiter, der Kiefernduft, verweht. Neue Rebstöcke wachsen auf alten Terrassen bis hoch hinauf. Wein, nichts als Wein in den gerodeten Zistrosenfeldern.

Nach einem letzten seichten Einschnitt unter der Kuppe der *Hoya Grande* geht's plötzlich nicht weiter. Ein Umkehrplatz, ein hoher Brandwachturm. Einige Schritte noch zum abschließenden Geländer: der *Mirador El Time!* „Admirar" = bewundern; „Mirador" = Ort des Bewunderns. Wirklich der treffende Ausdruck für diesen Platz. Den tiefen Graben des *Barranco de las Angustias* unmittelbar zu Füßen, streift der Blick die Westküste entlang. Man bestaunt den steilen Abfall des Vulkangebirges in die Meeresfluten. Welcher Kontrast zum flachen, ja fast lieblichen Hang um *El Paso* mit seinem Heer von Häuschen im Grünen! Oder zur dichten Schar höherer Gebäude im Städtchen *Los Llanos*. So man Glück hat, schaut man dann noch mitten hinein in den geheimnisvollen Kessel der *Caldera de Taburiente*. Das Geländer schützt vor dem schwindelnden Abgrund; es hält die Landkarte dieser vielfältigen Eindrücke auf Distanz. Wer ganz hoch hinaus will, klettert lausbübisch zuletzt auch noch auf den Wachturm. Obwohl sich La Palma von hier aus als Gebirgsinsel präsentiert, sind älplerische Juchzer und Jodler am Mirador kaum angebracht.

Zum Abstieg verlockt ein zunächst eindeutiger Wirtschaftsweg. Mit ein wenig Pfadfinderarbeit kann man auch wirklich durchfinden zur breiten Erdstraße, die den Hang auf halber Höhe durchzieht. Zur Küstenstraße hinunter, unweit des Restaurants „El Time", ist es dann nur ein Katzensprung – aber noch 6 Straßenkilometer nach *Tijarafe!* Für empfehlenswerter halte ich deshalb, zur besagten Abzweigung des Fahrweges zurückzuwandern und dort zunächst durch lichten Wald und sodann durchs Kulturland abzusteigen. Als Fahrweg miserabel, zum Wandern indes recht romantisch.

Wo schließlich der Asphalt den Wanderer empfängt, muß man unbedingt die Straße nach rechts unter die Füße nehmen. Nach etlichen Kehren, zuletzt in bebautem, bewohntem Gelände, trifft man auf die Küstenstraße, nur 2,5 Kilometer vor *Tijarafe*. Glück hat, wer hier den Bus zurück zum Kilometerstein 73 erreicht. Sonst ist ein

Westküste bei El Time.

Taxi noch immer die bessere Wahl – gegenüber einer Stunde Straßenmarsch. Dies und zumeist auch der erste Sonnenbrand trotz Pinienwaldschatten, das sind die Wermutstropfen im langen Ausflugsgenuß zum glücklich aufgefundenen *Mirador El Time*. Den man zum guten Schluß der Eindeutigkeit halber so benennen sollte, wie es die Palmeros tun: als Wachturm, als „Torre El Time“.

Bergwandern – die Inselspezialität

Man mag mich einseitig heißen, doch ich bekenne offen: Mir gefällt die Welt dort am besten, wo sie gebirgig ist. Ebendiese Vorliebe hat mich nach La Palma geführt. Nicht die tollen Küstenbarrancos, nicht die liebenswerten Mittelgebirgsterrassen, auch nicht die weiten, so verschiedenartigen Wälder. Gewiß, all das sind interessante, fremdartige Wanderreviere, in denen man gewesen sein muß, will man die Insel kennen. La Palmas besondere Qualitäten für den Wanderer liegen jedoch im vielfältigen Angebot an einfacheren Bergtouren. Sie zeigen sich vor allem beim Steigen über die Bergkämme bis weit hinauf über die Waldgrenze. Sie erweisen sich im Wandern auf und über so manche rundliche Gipfelkuppe. Hautnah im Kontakt mit einem ausgeprägten, exotischen Vulkangebirge, das fast bis auf zweieinhalbtausend Meter Höhe der südlichen Sonne entgegenragt.

Leicht und zumeist nur mäßig steil ist die Mehrzahl der Anstiege im Gebirge. Mit ein wenig Training für jedermann zu schaffen. Wem es dennoch zuviel wird, der kehrt um, wo es ihm paßt; Rundwanderungen gibt es ja auf La Palma kaum. Gefährlich sind die Touren nirgendwo, sofern man auf begangenen und beschriebenen Wegen bleibt. Was die außerhalb des „Parque Nacional" fast immer fehlenden Wegweiser und Markierungen betrifft – Schwadronen von Steinmännchen, dicke ausgelegte Holzprügel und, vor allem, die mittlerweile deutlichen Begehungsspuren tun es zur Orientierung auch. Es bedarf bei den Wegbeschreibungen wirklich keiner akribisch ausgetüftelten Wortübungen, die ohnehin im Gelände kaum nachzuvollziehen sind. Machen Sie besser selbst die Augen auf!

Die nachstehend mit Blick auf den autofahrenden Kurzurlauber vorgeschlagenen Touren vermitteln einen idealtypischen Eindruck vom Gebirge der Insel. Sämtliche Bergwandermöglichkeiten La Palmas finden Sie darunter freilich nicht. So fehlt, zum Beispiel, der schwindelerregende Wasserleitungsweg zu „Marcos y Corderos". Auch einige doch sehr ermüdende nordseitige Aufstiege von fast 2000 Meter Höhendifferenz sind nicht darin enthalten. Für eigene Entdeckungen bleibt genügend Spielraum.

Aber verstauchen Sie sich bei Ihren Expeditionen nicht den Knöchel auf dem rutschigen Lavageröll: Es gibt auf La Palma keinen Bergrettungsdienst. Verspäten Sie sich nicht in die Nacht hinein: Es fehlt in den Berglagen der Insel jegliches feste Quartier. Und sorgen Sie selbst für Ihre Getränke und Ihre Verpflegung: Sie finden im Gebirge nicht einmal eine Souvenirbude. Gewinnen Sie umso mehr

Was die Insel so alles zur Wander-Brotzeit bietet ...

diesem touristischen Komfortverlust auf der noch weitgehend unzerstörten Bergwanderinsel die positiven Seiten ab: ohne Scharen von Mittouristen aus großer Höhe auf die endlose Weite des Meeres schauen zu können.

Bergwandern – die Spezialität der Insel. Unter dem tiefblauen Himmel La Palmas. Besonders dann, wenn Wetter und Jahreszeit das Wandern in den mitteleuropäischen Gebirgen vermiesen.

14 Zwischen den Cumbres

Vielfältige, aber lange Runde über den Bergkamm der Inselmitte

Start: *Ermita Virgen del Píno,* 900 m, Parkplatz (Anfahrt von *El Paso* auf der Straße nach *La Cumbrecita,* Abzweigung nach rechts zur Ermita).
Ziel: *El Paso* (kurz vor dem Ortsende bei einer Viehtränke).
Höhenunterschied: Ca. 650 m.
Gehzeit: Insgesamt 5–6 Std.
Route in Stichworten: Hinter der Kirche im Wald aufwärts – bald auf „Camino real" zum *Reventón-Paß* – am *Cumbre Nueva*-Kamm unter dem *Reventón,* 1435 m, vorbei – bei Einmündung in Asphaltstraße nach rechts zum Rastgelände *El Pilar* – auf der Straße abwärts, bis am Ende des Waldes wegloser Abstieg auf freien Flächen zur Sandebene *El Llano del Jable* möglich – auf ihr nach N zu Fahrspuren in den Wald (Schranke) westlich einer kleinen Kuppe – links in Wiesenmulde und scharf nach rechts zur Piste – auf altem Weg (kürzt Kehren der Piste ab) zu den Häusern *Las Moraditas* und zum Ortsrand von *El Paso.*

Im Norden der alte Vulkandom rund um die Caldera de Taburiente, im Süden die Vulkankette der Cumbre Vieja: Das sind die markanten Gebirge im Inselrelief. Dazwischen, als Verbindungsglied, der schlichte, rund 1400 Meter hohe Kamm der *Cumbre Nueva,* einförmig und ungegliedert. Als einzige, nur wenig überhöhte Kuppe sitzt darauf der Hügel des *Reventón* mit seiner modernen Antennenanlage. Für sich genommen kaum bedeutend, scheint es, als wäre der bewaldete Rücken der Cumbre Nueva nur dazu geschaffen, die Wirkung der beiden überragenden Gebirge zur Geltung zu bringen.
Wer da aber meint, dieses topographische Bindeglied sei kein lohnendes Ziel, nicht der Wandermühe wert, der täuscht sich gewaltig! Probieren Sie es selbst aus – Sie werden voll auf Ihre Kosten kommen. Schon der Aufstieg auf dem alten Königsweg ist ein Erlebnis. Über seine Steinplatten verlief vor dem Bau des Cumbre-Tunnels der gesamte Verkehr zwischen Ost- und Westseite der Insel. Dann der Fahrweg auf dem Scheitel der Cumbre! Staubig, lang – aber auf beiden Seiten mit ständigem Blick hinunter auf die größeren Siedlungszentren. Im Schlußstück ein Abwärtshüpfen über weiche Aschehänge und endlich ein Schlendern durch Wäldchen, Feldchen und Gärtchen nach *El Paso,* wo sich die Runde schließt. Fast!

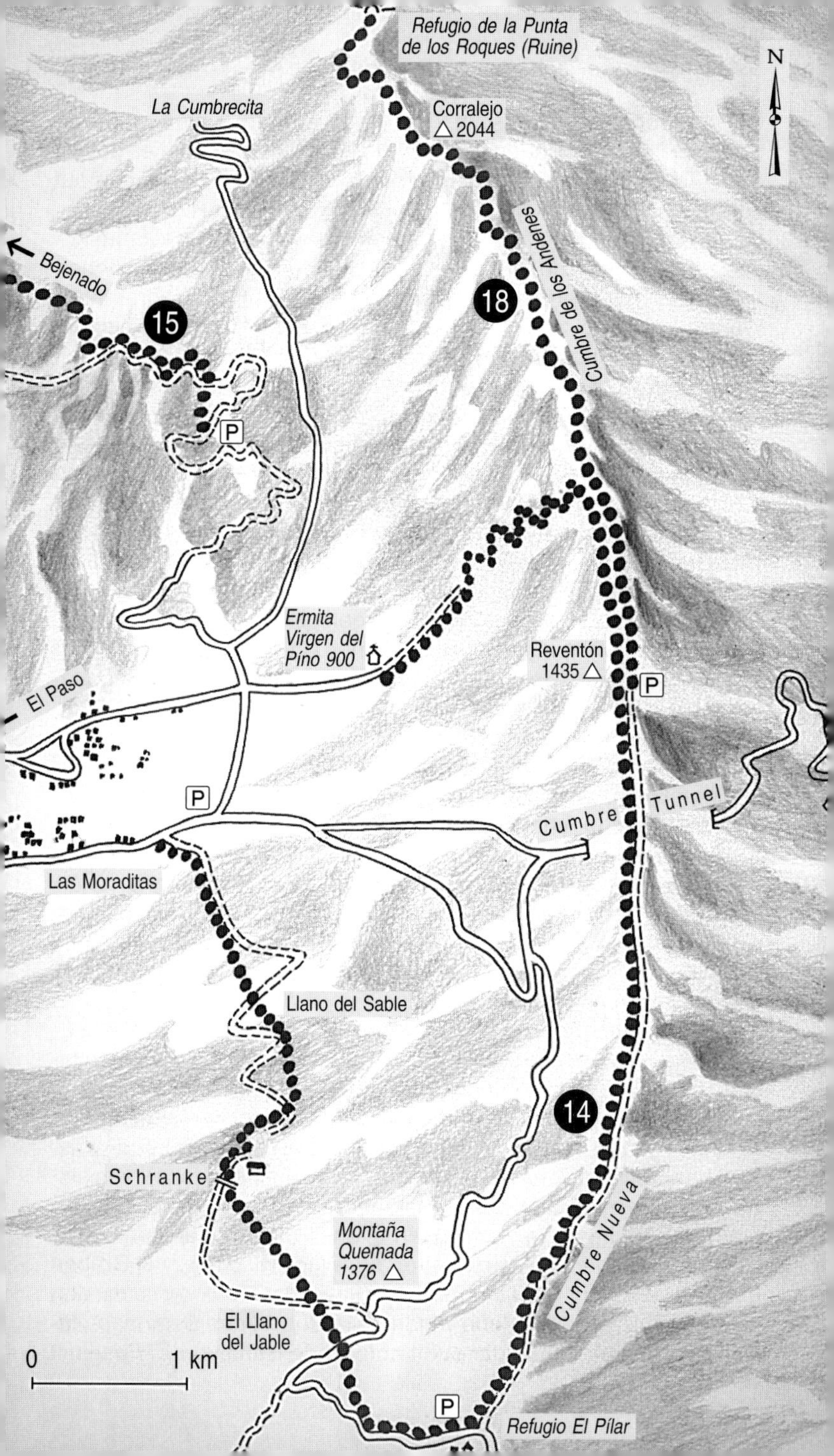
Refugio de la Punta de los Roques (Ruine)
N
La Cumbrecita
Corralejo
2044
Bejenado
15
18
Cumbre de los Andenes
P
Ermita Virgen del Píno 900
Reventón 1435
El Paso
P
Cumbre Tunnel
Las Moraditas
Llano del Sable
14
Schranke
Cumbre Nueva
Montaña Quemada 1376
El Llano del Jable
0
1 km
P
Refugio El Pílar

Denn leider bleiben zwischen Start und Ziel doch noch ein paar Straßenkilometer. Dennoch, trotz kleiner Schönheitsfehler gehört diese Tour zu den ganz wenigen größeren Rundwanderungen auf der Insel, die man mit gutem Gewissen empfehlen kann.
Genau besehen, beginnt das Wandern ja erst bei der Wallfahrtskirche *Ermita Virgen del Píno.* Wollen Sie jedoch den Rückweg neben und auf der Straße verkürzen, so stellen Sie als Selbstfahrer Ihren Wagen irgendwo zwischen der Viehtränke am Ortsende von *El Paso* und der Straßenabzweigung zur *Cumbrecita* ab. Das kuriose Betongestell der überdachten Viehtränke erkennen Sie am krönenden, oft mit Bändern geschmückten Betonkreuz, die Abzweigung, einen Kilometer weiter, am Richtungsschild neben der Staatsstraße *Los Llanos-Santa Cruz.* Von dieser Abzweigung gilt es noch knapp 2 Kilometer auf und neben Asphalt zu laufen. Zuerst ein Stück auf der Regionalstraße nach *La Cumbrecita,* danach rechts ab bis zur Wallfahrtskirche *Ermita Virgen del Píno,* einem typisch rustikalen kanarischen Bau. Leider stört der um das Gebäude herumgeführte Straßenring die Stimmung der schön gelegenen Andachtsstätte.
Im Gemäuer rund um die Kapelle sonnen sich Eidechsen und Gekkos scharenweise. Bergwärts hinter der Straßenschleife beschattet ein Hain mächtiger Kiefern die Rastplätze möglicher Wallfahrer. Gehören Sie dazu? Die uralten knorrigen Baumgestalten, zwischen denen man hindurchschreitet, verleihen der beeindruckenden Stätte einen Hauch archaischer Würde. Hinauf durch diesen von Feldterrassen gesäumten Waldstreifen ziehen Fahrspuren. Ein jeder mag hier gehen wo es ihm gefällt, unweigerlich wird er auf den mit roten Farbtupfen bezeichneten Beginn eines teilweise gepflasterten Weges treffen, der sich durch den steiler aufsteigenden Bergwald emporzuwinden beginnt. Richtig: wieder ein Teilstück eines „Camino real“! Der Rest eines der alten Königswege, deren Netz ehemals die ganze Insel überzog.
Auf dieser sorgsam aufgeschlichteten Trasse kommt man erstaunlich schnell voran. Allein schon das Interesse an einem solchen historischen Bergweg kann die Phantasie beflügeln und damit auch den Schritt. Sie mögen an reitende Caballeros denken, an Tragtierkolonnen, an geduldige Lastenträger oder an sonstwen und -was. Unbeeindruckt davon zeichnet das Astwerk der heutigen Pinien seine Schattenspiele auf den nadelbedeckten Boden, und das Buschwerk hat längst die noch gut erhaltenen Stützmäuerchen eingebunden. Im engen Zickzack klettert der Weg zwischen zwei Gräben empor. Einmal ein Blick hinüber zum Sattel der *Cumbrecita* mit den bizarren Felsgebilden, dann wieder zum Buckel des *Bejenado.* Zuweilen schimmert auch der sanft abfallende Hang von *El Paso* mit

Über den Bergkamm der Inselmitte geht eine Tagestour.

dem Mosaik seiner Häuschen zwischen den grobborkigen Pinienstämmen durch.

Heiß kann es im Hang unter der Cumbre allerdings werden. Die Inselsonne bestraft Spätaufsteiger. Besonders weit oben, wo der Anteil an Pinien schütter wird. Wer hier zu schwitzen beginnt, tröstet sich eben mit dem Ausblick aufs Meer. Wenn nicht gerade wieder einmal der Passat seine wallende Wolkenglocke über die Cumbre stülpt. Dann nämlich geistern feuchte Wolkenfetzen durch Baumkronen und Buschwerk. Klatschnaß tropft es von den Ästen auf den Wanderer herab, auf der Kleidung schlägt sich das herantreibende Wolkennaß nieder. Wohl dem, der in einem solchen Horizontalregen seinen Goretex-Anorak griffbereit hat.

Steil endet der Weg schließlich auf dem Scheitel des Kammes. Ein paar kräftig mit den Stöcken nachgeschobene Schritte, dann steht man ein wenig verdutzt auf einer breiten Erdpiste. Was für ein Gegensatz zum „Camino real"! Nach links zweigt hier ohne Bezeichnung die Route zur Hüttenruine ab (siehe S. 148 ff.). Wer jedoch oben auf dem Kamm der *Cumbre Nueva* entlangwandern will, muß der Sonne entgegen nach Süden, nach rechts. Der oft und gern begangene Fahrweg zieht, teils unmittelbar über die Scheitelhöhe, teils unter bebuschten Köpfchen, ohne viel Auf und Ab entlang.

Schon von hier aus eröffnen sich immer wieder tolle Tiefblicke auf die von den Siedlungen bevorzugte Taille der Inselmitte: im Westen aufs sanft hinstreichende, lichtgrüne Valle de Aridane mit seinen weit verstreuten Häuschen, im Osten auf den steileren Hang, der gegen *Santa Cruz* und *Breña Alta* zum Ozean abfällt. Das Gehen auf diesem Weg erfordert kaum Aufmerksamkeit. So bleiben die Augen frei fürs Schauen.
Die einzige Orientierungsmarke auf der langen Wanderung über das Rückgrat der *Cumbre* setzt der *Reventón.* Nach diesem Hügel mit seinen modernen Kommunikationsanlagen zieht die südlich anschließende Vulkankette der *Cumbre Vieja* endgültig den Blick auf sich. Gewichtig steht da der mächtige Kegel des *Birigoyo.* Selbst mit freiem Auge fallen Begehungsspuren auf der gewölbten Flanke auf. Dahinter, verkürzt, die ganze grauschwarze Silhouette, die schließlich in der *Deseada* kulminiert.Bevor die lange, ebene Piste endgültig im Buschwald verschwindet, verspricht ein Blick zurück auf die breite Kulisse der *Cumbre de los Andenes* im Norden so manches Vergnügen für die vermutlich schon angestaute Bergwanderlust.
Zugegeben, der letzte Abschnitt des breiten Fahrweges dehnt sich unverschämt, und das Zwischenspiel bis zum „Refugio el Pilar" gibt ein gottlob nur seltenes Beispiel von Buschwaldmonotonie. Das Straßenband, auf das die Piste am Ende trifft, wurde nun sogar asphaltiert. Man verschlafe also nicht, an dieser Einmündung nach rechts auf die Regionalstraße abzubiegen! Nach wenigen Minuten passiert man das Erholungsgelände mit Feuerstellen und Spielplätzen: *Refugio El Pilar,* Rastplatz und Picknickstätte, auf einer Lichtung mitten im Pinienwald. Keine bewirtschaftete Hütte, keine Unterkunft! Also auch kein Ausschank, keine Erfrischungen, keine warmen Speisen – Zelten und Biwakieren ist dagegen erlaubt. Solche „Refugios" dienen der Sonntagsfreizeit der Palmeros, nicht dem internationalen Fremdenverkehr. Noch nicht ...
Nach dieser Raststätte geht man am Rand der Straße mäßig abwärts, aber auf keinen Fall direkt nach rechts ins Tal, auch wenn Sie dies jemand glauben machen sollte. Erst wenn der begleitende Wald vollends zurücktritt und die Sicht offen wird auf die Calderaberge, verläßt man die Autostraße, die eine weite Schleife zieht , nach rechts. Es gibt keinen Anhaltspunkt, keine Wegbezeichnung, man wählt den Abstieg nach Gefühl. Auf der leichten Böschung freier Aschehänge läßt sich's an vielen Stellen angenehm bergab gehen. Wer zudem auf die deutlichen Fußspuren achtet, vermeidet auch die steileren Partien einer Sandgrube vom Straßenbau. So schneidet man querfeldein die lang ausholende Straßenschleife ab.

Vom äußeren Rand der nun wieder erreichten Straße ist der weitere „Weg“ durchs Gelände zu übersehen: durch leicht geformte Aschenwellen hinunter zu einem bewaldeten Kopf, zu dem unübersehbare Fahrspuren hinleiten. Die eine direkt von der Regionalstraße, die andere in einem S-förmigen Bogen ausholend. Man schaue dabei nicht in Richtung zur Küste, sondern etwa dorthin, wo verborgen in Richtung Nordnordwest *El Paso* liegen muß.

Ermita Pino del Virgen.

Die übersichtlichen Aschehänge hinabzulaufen, ist ein purer Spaß, der Grund weich, federnd und ohne Hindernisse. Nur einzelne Krüppelpinien vollbringen das Kunststück, hier als Pioniere zu vegetieren. Man traue sich, großzügig und ohne Weg durch diese eigenartige Aschewelt zu spuren, auch wenn's staubt. Ziel: der Waldkopf. Die eindeutig befahrene Spur, auf die man am Waldsaum sodann trifft, lotst in den Wald hinein. Eine Schranke als Wegsperre. Dann quert die gebahnte Trasse durch einen blühenden Gartenhang zu einem nur selten bewohnten Ferienhaus.

Man lasse dies fremde Eigentum unberührt. Kurz vorher biegt nämlich nach links eine verwachsene Piste in eine stille Mulde ab, wo sich die Spuren vorübergehend verlieren. Ein schöner Wiesengrund mit Obstbäumen, darin rechts, nordöstlich, ein ansetzendes Tälchen. Hier beginnt unter vergrasten, verfallenden Terrassen neuerlich eine kaum befahrene Pistentrasse – und endet an einem angeschobenen Erdwall. Schluß der Vorstellung? Umkehr? Nein! Denn hinter diesem Wall führt die Fortsetzung in flachen Kehren weiter. An einem aufgelassenen Feld mit steinernem Geräteschuppen entdeckt der aufmerksame Wanderer wieder einen steingepflasterten „Camino real“. Und bald erkennt er mit Vergnügen, daß dieser alter Weg die Kehren der breit angelegten Piste gut begehbar abschneidet.

Auch der fortgesetzte Hatsch auf der ausgeschürften Piste für den motorisierten Wirtschaftsverkehr würde zum Ziel führen – umständlicher nach *El Paso.* Der nur gelegentlich unterbrochene oder überwachsene Pflasterweg hingegen beschwört ein Stück palmerische Romantik herauf. Ein seltsamer Zauber liegt über diesem abgelegenen Landschaftsteil. Verwilderte Wiesen, steinumfriedete Feldstreifen, Mandelgärten, Steinmäuerchen, die fast durchgehend den reizvollen Weg begleiten. La Palma, wie es war. Und unmittelbar neben der beginnenden Moderne heute noch ist.

Hie und da sogar ein roter Farbpunkt auf Steinen. Irgendwo versucht dann auch noch ein roter Pfeil scharf nach links in die Irre zu führen. Man bleibe auf dem deutlichen Pflasterweg! Bei einer Waldvilla in einem weiten Park erreicht man eine betonierte Fahrspur und geht schließlich vor vornehmen Feriendomizilen an Drahtzäunen vorbei. Unverkennbar, das Kulturland kündigt sich an. Und bald erreicht man den Rand eines alten Lavafeldes, in das sich die palmerischen Knusperhäuschen von *Las Moraditas* mit ihren subtropischen Gärten eingenistet haben. Die bewohnte Welt hat den Wanderer wieder. Ohne bedeutende Orientierungsprobleme, auch wenn die komplizierte Beschreibung diesen Eindruck erwecken mag.

15 Lohnendes Calderapanorama vom Pico Bejenado, 1875 m

ICONA-Steig auf den freien Gipfel mit Einblick in die Tiefe der Caldera de Taburiente

Start/Ziel: Wagenabstellplatz auf Erdpiste über *Valencia* nach der Rechtskehre auf etwa 1100 m (Wegweiser); mit Pkw von *El Paso* aus erreichbar. Siehe Karte S. 129 und 139.
Höhenunterschied: Ca. 800 m.
Gehzeit: Insgesamt 4–5 Std.
Route in Stichworten: Bei Wegweiser über vergrasten Karrenweg hinauf zur Piste – auf dieser nach links, bis zu ICONA-Orientierungstafel – dahinter durchgehender Steig bis zum Gipfel; auf gleichem Weg zurück.

Der Durst nach Höhenwanderungen ist mit dem Weg durch den Kiefernwald zum Mirador El Time geweckt, mit der Runde zwischen den Cumbres kräftig angefacht. Nun will man auch auf einen Berg. Hinauf und endlich in die geheimnisvolle Caldera schauen! Der Nur-Autofahrer begnügt sich mit dem Einblick vom Mirador La Cumbrecita, für Wanderer aber hat die ICONA einen Steig auf einen Gipfel angelegt, der wie eine Orientierungsplattform mitten zwischen den Flanken der hufeisenförmigen Calderaumrahmung steht. Der Blick entspricht der Lage. Er wird gewiß niemanden enttäuschen; es sei denn, daß Calderanebel oder Passatwolken jegliche Sicht rauben. Man muß eben die rechte Zeit abpassen.
Am östlichen Ortsrand von *El Paso* biegt man von der Hauptstraße *Santa Cruz–Los Llanos* beim Richtungsschild „Cumbrecita" rechtwinklig in diese Asphaltstraße ein. Kurz nach der Abzweigung zur „Virgen del Pino" geht es dann nach links Richtung „Valencia"; hier eine erste Holztafel mit eingeschnitzter Bezeichnung „Bejenado".
Die anfangs noch asphaltierte Straße quält sich schließlich als wasserzerfurchte Piste am Hang entlang. Nach einer plötzlichen Rechtskehre überrascht wieder ein Stück Asphalt. Nicht lange danach weist linker Hand neuerlich eine Wegtafel zum „Bejenado" hin. Platz zum Parken gibt es am Rand der selten befahrenen Piste überall. Die Wanderschuhe angezogen, und los geht's auf dem vergrasten Karrenweg, mitten durch die zuwachsende Pracht aufgegebener Mandelgärten.
Sobald man bei Steinmännchen eine Erdpiste erreicht, marschiert man nach links, fast eben, durch den Kiefernwald. Immer der aus-

Das Felsenrund der Caldera vom Pico Bejenado.

geschürften Trasse nach. Durch abzweigende Ziehwege und alte Steigspuren darf man sich nicht irritieren lassen. Hin und wieder schaut der sanfte Hang um *El Paso* oder der Kammverlauf von *Cumbre Nueva* und *Vieja* zwischen den Kiefern hindurch. Schließlich stößt man auf die Grenze des „Parque Nacional" und damit auf die unübersehbare ICONA-Informationstafel mit Kartenskizze, eingezeichnetem Wegverlauf und Wegprofil. Da liest man dann, was

man tun soll – und was man nicht tun darf. Man sollte sich die Verhaltensregeln merken, denn man ist Gast in einem großen Naturschutzgebiet.
Nun ist der Weg nicht mehr zu verfehlen. Zwar täuscht der erste Anstieg nach der Info-Tafel ungewöhnliche Steilheit vor, doch keine Sorge: Nach etwa 100 Metern beginnt der sorgfältig angelegte Steig, der sich mit jeder ordentlichen Weganlage in unseren Alpen messen kann. Würden rundum nicht gelb blühende Hornkleeflächen Farbtupfer auf den mit braunem Filz alter Piniennadeln überzogenen Boden aufsetzen, der Gang durch den kürzlich abgebrannten Pinienwald wäre trist. Schon treiben überall wieder frisch-grüne Nadelschöpfe aus der verkohlten Borke. Zudem setzt der Klee seine Duftmarke zwischen den Harzgeruch.
Bald zickzackt der gegrabene Steig am Waldrücken empor. Bei *Los Rodeos* gewinnt er die Kammhöhe und damit einen ersten Tiefblick in Teile der Caldera. So man Glück hat, führen die Passatwolken gegenüber das Schauspiel ihres „Wasserfalls" vor, der über die *Cumbre Nueva* herabfällt wie die Föhnmauer am Alpenhauptkamm. Eine imposante Wetterlaune dieser kleinen, an Naturwundern so reichen Insel.
Nun wird's alpiner: Herausgepickelt oder aufgeschlichtet, windet sich der Steig den Hang empor. Steilgras und kleine Felsabsätze unterbrechen den lichten Bergwald. Zwischen den Pinienstämmen wechselnde Durchblicke auf das Aridane-Tal. Eine kurze Schleife durch den Felsabbruch zur Caldera, dann leitet der verschmälerte Kamm wie eine Brücke auf den Aussichtsgipfel des *Pico Bejenado,* 1875 m, hinauf, direkt über den tiefen grünen Gründen der *Caldera de Taburiente.*
Winzig nur erkennt man bei der Gipfelrast den heiligen Felsen *Idafe,* die Campingfläche „Acampada" und darüber die unzähligen Schluchten, die hinaufziehen zur Felsumrahmung vom *Pico de la Nieve* über den *Roque de los Muchachos* bis zur *Somada Alta.* Ein wunderbarer Aussichtsplatz. Rundum gerade so viel Luft, daß man sich auf einem echten Gipfel fühlt. Der Blick auf die Ebene von *El Paso* und *Los Llanos* verbindet unmittelbar mit der tief unten liegenden bewohnten Welt: der Welt der Palmeros, der Ferienbungalows und auch mancher Winterresidenzen betuchter deutscher La-Palma-Freunde. Darüber aber lockt im Süden die Vulkanroute (siehe S. 171 ff.) zu neuen Urlaubsabenteuern. Das erste echte und doch so leicht gewonnene Bergwandererlebnis auf La Palma! Nicht nur die Fotos erinnern an diesen gelungenen Tag.

16 Erkundungsmarsch in die Caldera de Taburiente

Auf gutem ICONA-Steig durch die grüne Schluchtlandschaft des Riesenkessels

Start/Ziel: Parkplatz im Bett des *Barranco de las Angustias;* von *Los Llanos* aus über den Vorort *Los Barros* auf unbefestigter Straße erreichbar.
Höhenunterschied: Ca. 650 m.
Gehzeit: Insgesamt 7–8 Std.
Route in Stichworten: Meist weglos durch den Barranco aufwärts (Weg ändert sich! Evtl. Umgehungen auf Steig in der Flanke, Betonsperre über leichte Felsstufe überwinden, danach geländerloser Betonsteg) – nach Bachzusammenfluß *Dos Aguas* beginnt am W-Ufer bei Wegtafel guter Gebirgssteig hinauf zum *Lugar de Acampada* an der *Playa de Taburiente;* auf gleichem Weg zurück.

Barranco de las Angustias – „Tal der Todesängste“! Todesängste steht man heute wohl nicht mehr aus. Aber der Wagen rumpelt und ächzt beängstigend auf der miserablen Straße hinunter in den Barrancogrund. Doch der kleine SEAT schafft das spielend. Ohne Allradantrieb. Das kurze Stück, das ein Geländewagen im Barrancobett möglicherweise weiterbringen könnte, lohnt den Aufwand nicht. Zudem stimmt das Manövrieren hin und her über die Wassergräben im Straßenverlauf ein wenig ein auf die Tour. Wer wird da schon böse sein, wenn er den Wagen noch vor der Furt neben den Stallgenossen parken kann?
Am Grund der Schlucht ist nirgends eine Wegtafel oder ein Hinweisschild zur Caldera zu entdecken. Auch fixe Markierungen gibt es innerhalb des Barrancos nicht. Wozu auch? Die Pfadspuren im Uferkies weisen unzweifelhaft die Schlucht aufwärts. Sie winden sich deutlich um Steinblöcke, Rinnsale und Pfützen herum, überqueren Wasserläufe und überwinden grobblockiges Geschiebe. Wild, felsdurchsetzt steigen aus dem Bachbett die zerklüfteten Bergflanken empor, durch die sich hoch oben betonierte Wasserkanäle ziehen. Einst durfte man auf ihnen entlangbalancieren.
Unbarmherzig brennt die Sonne in den tiefen V-Einschnitt hinein. Gelegentlich schnüren sich die Wände auch klammartig zusammen und spenden in ausgewaschenen Felsnischen Schatten. Ganze Palmero-Familien feiern unter solchen steinernen Markisen an Wochenenden lebhafte Grillfeste. Vom Opa bis zum letzten Enkelkind.

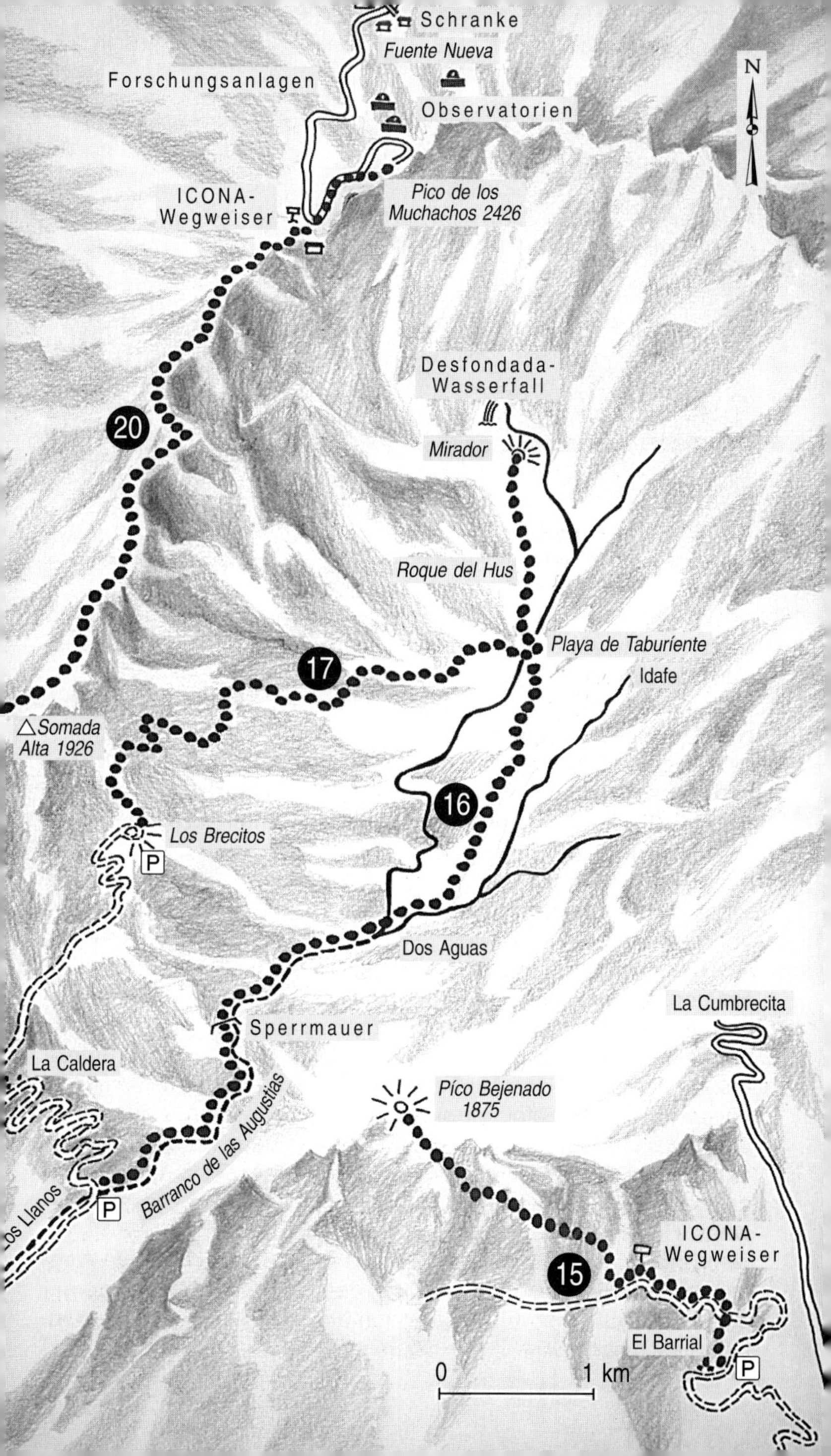
Schranke
Fuente Nueva
Forschungsanlagen
N
Observatorien
ICONA-
Wegweiser
Pico de los
Muchachos 2426
Desfondada-
Wasserfall
20
Mirador
Roque del Hus
Playa de Taburíente
17
Idafe
△Somada
Alta 1926
16
Los Brecitos
P
Dos Aguas
La Cumbrecita
Sperrmauer
La Caldera
Píco Bejenado
1875
Barranco de las Augustias
Los Llanos
P
ICONA-
Wegweiser
15
El Barrial
0
1 km
P

Caldera-Wege – Wandern wie auf Alpenwegen.

Plötzlich schließt ein wunderliches Felsentor die Klamm, ein kühner, fast filigraner Bogen. Darunter scheint die Tour an einem wasserüberronnenen Wandabsatz zu enden. Doch da rechts – sind das nicht Tritte? Auf anfangs undeutlichen Spuren umgeht tatsächlich ein Steig im Osthang diese Barriere. Üppig quillt überall Sukkulentengesträuch zwischen den Steinblöcken hervor. Ein Zwischenspiel, das die ungeheuerliche Schluchtlandschaft auch einmal aus gehobener Perspektive vor Augen führt. Nur kurz ist jedoch dieses Vergnügen. An einer vermeintlichen Weggabelung, die irreführen kann, senkt sich der Steig danach wieder nach links hinunter ins Flußbett – wenn nicht gewaltige Schuttmassen nach der Regenzeit den Barrancogrund gründlich verändert haben!
Eine erste künstliche Sperre läßt sich linksseitig leicht über gut gestuften Fels überwinden. Zur Abwechslung ein paar Meter Kletterei. Die folgende Betonmauer wird sodann auf einer luftigen Brücke überschritten. Der anschließende, von Felswänden gebildete Saal mit Geröllparkett entpuppt sich als akustische Sinnestäuschung. Laute hallen dumpf durch den steinernen Gang, lange bevor jemand zu sehen ist. Dann ein „Hóla", ein kurzer Gruß einer entgegenkommenden spanischen Wandergruppe. Viel Jugend ist unterwegs. Hoch aufgepackt mit Biwakzeug und Gitarre.
Nach der eindrucksvollen Route durch die Klamm steigen alte Wegfragmente in die Steilhänge an. Man darf sich dadurch nicht irremachen lassen: Immer auf dem Boden bleiben! Auch wenn im Wildbachgeschiebe kaum mehr Spuren zu sehen sind. Erst ab *Dos*

Guanchen-Heiligtum Idafe (in der Caldera).

Aguas, einer geräumigen Talweitung am Zusammenfluß zweier Bäche samt einem Einlaufbauwerk, das die Landschaft verschandelt, beginnt der ICONA-Steig. (Das Bauwerk soll 1991 durch eine Sturzflut zerstört worden sein.) Der entscheidende Punkt kündigt sich rechter Hand durch eine Betontreppe zu verwilderten Gartenterrassen an. Die gelben Früchte japanischer Mispeln können Rastende zum Naschen verleiten. Was schmeckt denn schon besser als Früchte aus Nachbars Garten?
Genau vis à vis am Westufer steigt eine Wegspur ein Stück weit an und trifft kurz danach auf einen zuweilen recht kräftigen Flußlauf. Das ist die unverkennbare Schluchtweitung des Zusammenflusses *Dos Aguas!* Wie zum Hohn steht jenseits des Wassers die Hinweistafel „Lugar de Acampada“, das Richtungsschild zum Campinggelände inmitten des von der spanischen Naturschutzbehörde ICONA betreuten Nationalparks „Caldera de Taburiente“.
Den Fluß hier trockenen Fußes zu überqueren, bildet zuweilen ein eigenes Abenteuer. Von der Wegtafel aus ist dann der in die steilen Hänge hineingebaute Steig nicht mehr zu verfehlen. Er schwingt sich schnell aus dem Barrancobett empor, fällt und steigt wieder an, ohne das Bachbett zu berühren. Ein wenig abseits liegt hier der „Rote Wasserfall“. Im Zickzack klettert der Pfad durch die mit Pinien bestandene Schluchtflanke. Manchmal gleicht er zwar mehr einer ausgetrockneten Wasserrinne, aber erfahrene Bergwanderer lassen sich durch scheinbare Abkürzer nicht ablenken. Denn diese führen ins Nirgendwo.

Geschickt mogelt sich die Weganlage durch die begehbaren Abschnitte der felsdurchsetzten Hänge. Auch gegenüber steigt das Gelände um die eingerissenen Schluchten steil empor. Als unübersehbare Landmarke dazwischen die Felssäule des heiligen Monolithen *Idafe,* ein unverkennbares Phallussymbol, an dem die Guanchen geopfert haben. Das Bild dieser engräumigen Landschaft hat etwas Unwirkliches an sich. Man ist an eine auf Abenteuerlichkeit hin gestaltete Bühne erinnert, auf der nun gleich Schillers „Räuber" beginnen werden. Keine Spur aber von Räubern. Eine Kehre noch, eine kaum merkliche Rückfallkuppe mit interessantem Einblick in den Schluchtverlauf, dann steht man urplötzlich auf einer wunderschönen kanarischen Bergwiese. Mit Hinweisschildern auf die Grenzen der Campingmöglichkeit. Ein kurzer Hang senkt sich zum Flußbett hinab. Zahlreiche Tische und Bänke, kleine Terrassen. Keine gefaßte Quelle, keine Toilettenanlagen. Das ist kein Campingplatz im mitteleuropäischen Sinn! Natürliches Biwakieren ja – aber ohne jeglichen zivilisatorischen Luxus. Eine urtümliche Landschaft in einem breiten Wildbachkessel also, den niemand hier oben vermutet. Dies ist der Kontrapunkt der Schluchtenwanderung.
Sie erinnert ein wenig an die südlichen Alpen im Frühling, diese *Playa de Taburiente.* Strotzendes Grün brandet an den Felsköpfen empor. Es macht auch nicht halt vor den umschließenden Wänden des gewaltigen Amphitheaters. Bis hoch auf die Kanten der Steilflanken stürmen Kanarenkiefern hinauf. Und nur ganz oben, unter dem Himmel, hat der schwarzbraune Fels den grünen Pelz abgeschüttelt. Die „Acampada" dient, wie zu vermuten, als Ausgangspunkt für etliche Wanderungen. Leider enden alle unter den begrenzenden Wänden der Caldera. Bis auf einen, der durch den Fels zu *La Cumbrecita* führt. Aber der ist gegenwärtig verschüttet, abgebrochen und ungangbar. Todesfälle durch Absturz hat es auf ihm bereits mehrfach gegeben. Das weglose Steilgelände im Parkgebiet ist Naturschutz-Sperrzone, verschlossen auch für Bergsteiger, die in den brüchigen Felsen ohnehin kein Kletterland finden.
Wer hier in der *Playa de Taburiente* nicht biwakieren will, um die Umgebung zu erforschen, muß auf dem Anmarschweg wieder zurück. Denn der bequemere „Ausgang" über *Los Brecitos* zieht einen unangenehm langen Straßenhatsch nach sich. Der Barranco hingegen bietet auch abwärts viele interessante Landschaftsbilder. Ist man wirklich diese Strecke hinaufgegangen? Unwillkürlich stellt sich diese Frage, wenn man am Ende den abgestellten Wagen glücklich wieder erreicht.

Playa de Taburiente im Zentrum der Caldera.

17 Barrancos und stiebende Wasser im Innern der Caldera

Ausflug zum besseren Kennenlernen des Nationalparks auf ICONA-Wegen von Los Brecitos aus.

Start/Ziel: *Los Brecitos,* Parkplatz (von *Los Llanos* wie vorstehend in den *Barranco de las Angustias,* durch das Barrancobett auf Fahrspur und am Hang jenseits empor über *La Caldera;* fahrbar, aber schlecht!). Siehe Karte S. 139.
Höhenunterschied: Ca. 500 m.
Gehzeit: Insgesamt 6–7 Std.
Route in Stichworten: Vom Parkplatz auf sehr gutem Weg in die *Playa de Taburiente* – vor dem Wildbach bei Wegtafel nach links (N) zu angelegtem Steig hinauf zum Mirador am *Desfondada-Wasserfall* (im Bachgeröll unter dem Mirador am rechten Rand halten!); auf gleichem Weg zurück.

Der Desfondada-Wasserfall schießt über Felswände.

Ohne Zweifel: Das Naturschaustück der *Caldera de Taburiente* mit ihrem „Parque Nacional“ ist die größte landschaftliche Attraktion der Insel. Obwohl in Privatbesitz, steht fast das ganze Calderagebiet seit 1954 unter Naturschutz: ein riesiger Kessel mit einem Durchmesser von 10 Kilometern und einem Umfang von 20 Kilometern; seine Tiefe beträgt rund 1500 Meter. Die kaum zugängliche Zone der umgebenden Wände darf nicht betreten werden. Für die Parkbesucher hat die zuständige spanische Parkbehörde ICONA allerdings nicht nur das Campinggelände an der *Playa de Taburiente* eingerichtet, sondern von dort aus auch einige Stichwege angelegt. Ein Ausflug auf diesen Routen vermittelt markante Eindrücke von der Eigenart dieses großartigen Nationalparks. Auf seinen Besuch wird künftig ein ICONA-Informationszentrum in der Nähe der Tankstelle von *El Paso* einstimmen. Dort gibt es auch die Genehmigung für das Zelten sowie für den mehrtägigen Aufenthalt im Park. Ein Kompliment noch der ICONA wie auch den Besuchern: Wir fanden kaum Müll an den Wegen.

Die Anfahrt nach Los Brecitos wird wohl niemand als Genuß bezeichnen. Wer sich jedoch mit dem Wagen über das Geröll im Bett des *Barranco de las Angustias* traut, wird auch das stark ausgewaschene Sträßchen am Westhang über das Sommerdörfchen *La Caldera* empor meistern. Parkplätze gibt es auf *Los Brecitos* genug. Übrigens, ganz im Vertrauen: Bequeme Calderabesucher wandern von hier aus nur die 3 Stunden zur *Playa de Taburiente* und wieder zurück.

Allein der Ausblick in die Caldera vom Geländesporn *Los Brecitos* aus entfacht bestimmt die Wanderlust. Am Start die übliche ICONA-Tafel zur Orientierung, die Informationen auch auf deutsch. Dann geht es hinein in den Park durch ein rustikales Ehrenportal.

Schon der ausgezeichnet angelegte Wanderweg zum Campinggelände zeigt echte Calderalandschaft: mal feuchte Schluchteinschnitte, dann wieder lichten Pinienwald, dazwischen Erikabäume, Zistrosenbüsche und manch anderes subtropische Gewächs. Etwa auf halbem Weg versteckt sich auf einer Verebnung das Parkhüterhaus. Hier gibt es oft auch Parkführung und Tragtiere.

Kurz vor der Playa fällt eine zugemauerte Höhle auf, mit Tür und festem Vorhängeschloß. Hier, in der *Cueva de Tanausú,* soll der letzte freie Häuptling der Ureinwohner residiert haben. Jener unbesiegte Verteidiger seiner Insel, den die Konquistadoren zu einem Friedensgespräch aus seiner damals unzugänglichen Wildnis gelockt und dann gefangengenommen hatten. Nur durch diese hinterhältige List war es den Spaniern im Jahre 1493 gelungen, La Palma endgültig zu erobern.

Vor der Höhle fanden Archäologen auch Reste von prähispanischem Trockenmauerwerk; es läßt auf ein Siedlungszentrum der Guanchen schließen. Die Reste sind in jüngerer Zeit verschwunden, doch an manchen unzugänglichen Stellen der Caldera bezeugen noch Felsgravierungen die menschliche Vergangenheit an diesem Ort.

Aus dem Wildbachkessel der *Playa de Taburiente* führen vor allem drei gebahnte Wege weiter gegen die umschließenden Wände hin. Der rechte, östliche, am und über dem Bach des *Barranco Verduras* mit Weidengebüsch und Wasserkaskaden entlang. Der mittlere endet bei Badegumpen im *Barranco Los Cantos.* Der westliche zum *Roque del Hus* bietet den reizvollen Blick auf den *Desfondada-Wasserfall.* Welchen Sie wählen sollen? Am besten alle drei. Aber das geht wohl kaum, wenn Sie hier nicht campieren wollen.

Wir haben den Desfondada-Weg vorgezogen, der geschickt eine der schmalen Felskulissen nutzt, um recht alpin eine Aussichtskanzel zu ersteigen. Er zweigt am Westrand der Playa an der Orientierungstafel ab und ist gelegentlich mit Steinmännchen markiert. In den teils mit Geländern gesicherten Steilpartien kann ohnehin niemand vom Pfad abweichen. Weiter oben hingegen, am nadelbedeckten Boden sowie am Blockwerk eines meist trockenen Bachlaufs in einem Waldeinschnitt, werden die Wegzeichen rar. Hier muß man eben die Augen offenhalten, vorübergehend Spuren lesen und das Gelände richtig deuten. Dann stößt man wieder auf den ausgeprägten Steig.

Immer wieder staunt man innerhalb der Caldera, welche märchenhaften Waldwiesen in die Steilhänge zwischen den Gräben eingebettet sind. Auf eine solche trifft man auch hinter dem *Roque del Hus,* unmittelbar unter dem Mirador. Ein paar Stufen in einer Kammsenke, vor dem Abbruch ein schützendes Holzgeländer – und drüben sieht man den silbernen Faden, der lotrecht in der Felswand hängt. Wie viele Meter? Ich weiß es nicht. Gewiß kein Niagarafall, aber doch ein beeindruckendes Naturschauspiel in der zerklüfteten Felslandschaft.

So Sie über genügend Zeit verfügen, probieren Sie auch die anderen ICONA-Wege aus. Sie alle gehen von der Playa aus. Ein jeder dieser Wege vermittelt Ihnen ein Stück mehr von der Einzigartigkeit der *Caldera de Taburiente,* die eigentlich gar keine echte Caldera, also kein vulkanischer Ausbruchskrater ist, sondern ein riesiger, ausgeräumter Erosionstrichter. So jedenfalls sehen es die Geologen.

Unterwegs auf gut betreuten ICONA-Wegen.

18 Pflichttour zur Hüttenruine am Calderakamm, 2085 m

La Palmas beliebteste Bergwanderung auf guten Wegen

Start/Ziel: *Cumbre Nueva*-Kamm in der Nähe des *Reventón;* Parken auf Erdpiste (über das Rastgelände *El Pilar* von *El Paso* aus erreichbar). Siehe Karte S. 129 und 153.
Höhenunterschied: Ca. 650 m.
Gehzeit: Insgesamt 5–6 Std.
Route in Stichworten: Vom Parkplatz zum *Reventón-Paß* (nicht ausgeprägt; von links kommt „Camino real" herauf, rechts führt Piste eben weiter) – hier geradeaus steigend in Kehren auf schmälerem Fahrweg zur Tafel „Punta de los Roques" – auf gutem Steig weiter zum verfallenen *Refugio de la Punta de los Roques,* 2085 m; auf gleichem Weg zurück.

Wer würde schon auf La Palma bergwandern wollen, ohne die Hüttenruine *Refugio de la Punta de los Roques* zu besuchen? Vielleicht ist es die aus den Alpen gewohnte Anziehungskraft einer Hütte – auch wenn sie nur mehr aus traurigen Mauerresten besteht. Oder sollte es an der Mundpropaganda liegen? Am Beispiel geführter Touren? An wer weiß was? Tatsache ist: Diese so ungemein beliebte Tour steht bei vielen Inselbesuchern fast synonym für „Bergwandern auf La Palma".
Gewiß, man wandert hier auf einem besonders guten Weg, der zudem nicht allzu jäh ansteigt. Man genießt zuletzt auch die alpine Steilheit der Bergflanken, in die der Weg kunstvoll hineingelegt ist. Und man nimmt, wie man vielleicht meint, einen hinreichenden Eindruck von der Bergwelt La Palmas mit nach Hause: diese „Bergtour", möglicherweise gerade noch den Pico de la Nieve – und sonst nichts.
Ein mageres Rezept. Denn wenn auch der Weg zur Hüttenruine etliches an charakteristischen Szenerien, an Abwechslung und Aussicht bietet, die Vielfalt des palmerischen Gebirges kennt man nach dieser einzigen Tour noch lange nicht. Dennoch darf man sich vor dem Pflichttrip nicht drücken. Auch wenn man hier dem „Gegenverkehr" so oft ausweichen muß, wie bei keiner anderen Bergwanderung auf der Insel.
Unermüdliche Geher packen die Hüttenruine von der Wallfahrtskirche *Ermita Virgen del Píno* aus. Sie steigen von 900 Meter Seehöhe auf dem „Camino real" zum *Reventón-Paß* am *Cumbre Nueva*-Kamm (1435 m) und beginnen dort die eigentliche Hüttenwanderung. Besser sind Sie dran, wenn Sie mit dem Wagen auf die *Cumbre Nueva* fahren und dort irgendwo in der Nähe des *Reventón* parken. Nahe dem Rastgelände *El Pilar* zweigt die unproblematische Erdpiste zum Reventón von der Asphaltstraße ab; sie erspart ein erhebliches Stück Anstieg. Nehmen Sie sich die Wanderung über die Cumbre Nueva (siehe S. 128 ff.) lieber gesondert vor. Sie haben dann mehr davon!
Warum ich die Weiterfahrt vom Reventón bis zum gleichnamigen Paß nicht empfehle, wird jeder verstehen, der den durch Winterregen modellierten Fahrweg entlangwandert. Für den Ausblick bleibt dabei genügend Muße – sofern nicht gerade die Passatwolken ihre Glocke überraschend über die Cumbre stülpen. Ein altes, am Wegrand rostendes Gitterwerk erinnert daran, daß man mit solchen Vorrichtungen einst Nutzwasser aus den feuchten Wolken „gemolken" hat.

Caldera-Wände vom Aufstieg zur „Hüttenruine".

Gefahrloser Felsenweg zur Punta de los Roques.

Nach dem zumeist so bezeichneten *Reventón-Paß* wird man allerdings vergeblich suchen. Keine deutlich ausgeprägte Einsenkung, kein paßähnliches Merkmal im Relief. Zwar beginnt der Kamm danach anzusteigen, vor allem aber merkt man diesen „Paß“ daran, daß hier aus dem steilen Westhang der gepflasterte „Camino real“ einmündet, wogegen sich die Kammpiste verzweigt. Keinesfalls lasse man sich durch den verlockenden, rechts eben hinziehenden Fahrweg verführen. Die richtige Trasse zum Ziel geht an der Abzweigung geradeaus weiter und steigt sogleich scharf an. Nach einigen Kehren im flechtenbehangenen Buschwald endet sie abrupt an der Wegtafel „Punta de los Roques“. Als Fortsetzung taucht von hier aus der viel begangene Weg nach links in dichten Busch hinein.

Nicht zu verfehlen, schraubt er sich am Kammrücken empor. Wären da nicht Baumheiden und allerlei fremdartiges Gestrüpp, man könnte meinen, einen Hüttenanstieg in den Alpen zu begehen.
Höher oben beginnt sich der Pinienwald zu lichten, die Zistrosenbüsche werden niedriger, der Weg tritt auf die Kammhöhe hinaus. Einige Schritte vom Wege ab bietet die sanfte, mit einer Vermessungssäule verzierte Kuppe des *Corralejo* (2044 m) einen Überblick über den weiteren Kammverlauf: über das Auf und Ab von Felskopf zu Felskopf. Der Blick bleibt am südlichen Eckpunkt des Calderakammes hängen, am *Pico de la Nieve*. Links davon die *Caldera de Taburiente* mit ihrer Felsumrahmung. Rechts streichen die Schluchten der Barrancos hinunter zum Meer. Zurück in die Gegenrichtung, reicht der Blick der Cumbre entlang nach Süden zu den Vulkanen, die der markante Dreispitz der *Deseada* beschließt.
Im Umkreis des Corralejo ist für die meisten Gelegenheitswanderer Schluß. Die Inselsonne hat ihre Arbeit getan, eine Quelle gibt es am Kammweg nicht. Und rasten läßt sich hier vor der Umkehr prächtig.
Wer weiter will, umgeht auf dem nun in die felsigen Abhänge gelegten Weg etliche Gipfelklötze und -türme. Dampf aus dem Kessel der Caldera verschleiert die Tiefe, der Blick fängt sich an den Schemen grotesker Piniengestalten, die sich inmitten der Abstürze festkrallen. Das Formenspiel der aus den Wolkenfetzen auftauchenden bizarren Felsgebilde verstärkt den Hauch exotischer Romantik.
Zum Schluß, als Lohn für alle Aufstiegsmühe: ein Aussichtskopf nahe der Hütte. Freier Blick über den Dampfkessel auf die Umrahmung des Calderakammes mit seinen wenig ausgeprägten Erhebungen. Das *Refugio de la Punta de los Roques* selbst ist freilich nur mehr eine verwahrloste Ruine, die kaum zum Biwakieren taugt. Dort, wo jahrhundertelang einheimische Hirten, Jäger und Postläufer nächtigten, baumelt jetzt vom halb eingestürzten Dach ein bunter Fluggepäckanhänger mit der Aufschrift: „XY-Abenteuerreisen“. Auch auf La Palma haben sich die Zeiten geändert.

19 Höhenbummel über die Caldera

Leichte und schöne Höhenwanderung vom Pico de la Nieve, 2239 m, zum Pico de la Cruz, 2361 m

Start: Parkplatz „Pico de la Nieve" auf Erdpiste (Anfahrt mit Pkw von *Santa Cruz* auf guter Asphaltstraße).
Ziel: Caldera-Höhenstraße unterhalb des *Pico de la Cruz;* Rückweg zum Parkplatz: zu Fuß 6 km auf asphaltierter Höhenstraße.
Höhenunterschied: Ca. 300 m (geringe Gegensteigungen).
Gehzeit: Insgesamt 5–6 Std.
Route in Stichworten: Vom Parkplatz auf Waldpiste zu Umkehrplatz – hinter der ICONA-Orientierungsstafel (Weg eingezeichnet) Steig nach links – bei erster Abzweigung Steig rechts hinauf zum *Pico de la Nieve* (interessanter Abstecher, s. Text) – etwas absteigen zum fast ebenen, gut kenntlichen Höhenweg – auf ihm bis zum *Pico de la Cruz* (steinerne Diensthütte) – dahinter abwärts und ein Stück weiter auf Steig – sobald bequem möglich, Abstieg zur Straße – auf ihr zurück zum Parkplatz.

Für den Bergwanderer ist ein Höhenweg über einen Kammrücken gewiß eines der dankbarsten Erlebnisse. La Palma bietet am Calderarand eine solche Möglichkeit. Auf über 2000 Meter Höhe. Vom gern besuchten Aussichtsberg *Pico de la Nieve* reicht der gebahnte Steig am Rand des tiefen Kessels gegenwärtig leider nur bis zum *Pico de la Cruz.* Die Fortsetzung durch den weit verstreuten Gebäudekomplex des Astrophysikalischen Observatoriums ist verfallen und zugewachsen, die Wiederherstellung jedoch geplant. Indes zeigt allein schon der unterhaltene Wegabschnitt das Hochgebirge der Vulkaninsel auf instruktive Weise.
Den Auftakt bildet eine Forstpiste durch den üblichen Pinienwald mit sparsamem Unterwuchs, aber dichter Nadelstreu. Frei wird der Blick erst nach dem Rastplatz mit der Tafel „Parque Nacional". Von dieser Umkehrschleife führt der schottrige Fußweg mitten hinein in eine typische Landschaft der palmerischen Höhenzone: nackte, walfischförmige Felsrücken, einzelne kuriose Steingebilde, Trümmerwerk, Sand – und überall die Wildnis der Ginsterbüsche, aus denen sich die deformierten Kampfgestalten der Kanarenkiefern hervorwinden. Oberhalb folgen die Codeso-„Ginster": zuweilen ein gelbes Blütenfeld, nicht hart, nicht stachelig, nein, nur grüne Pfeifenputzer, zäh und elastisch. Fast wie Latschenkiefern. Ein Dickicht neben dem Weg, das kaum zu durchdringen ist.

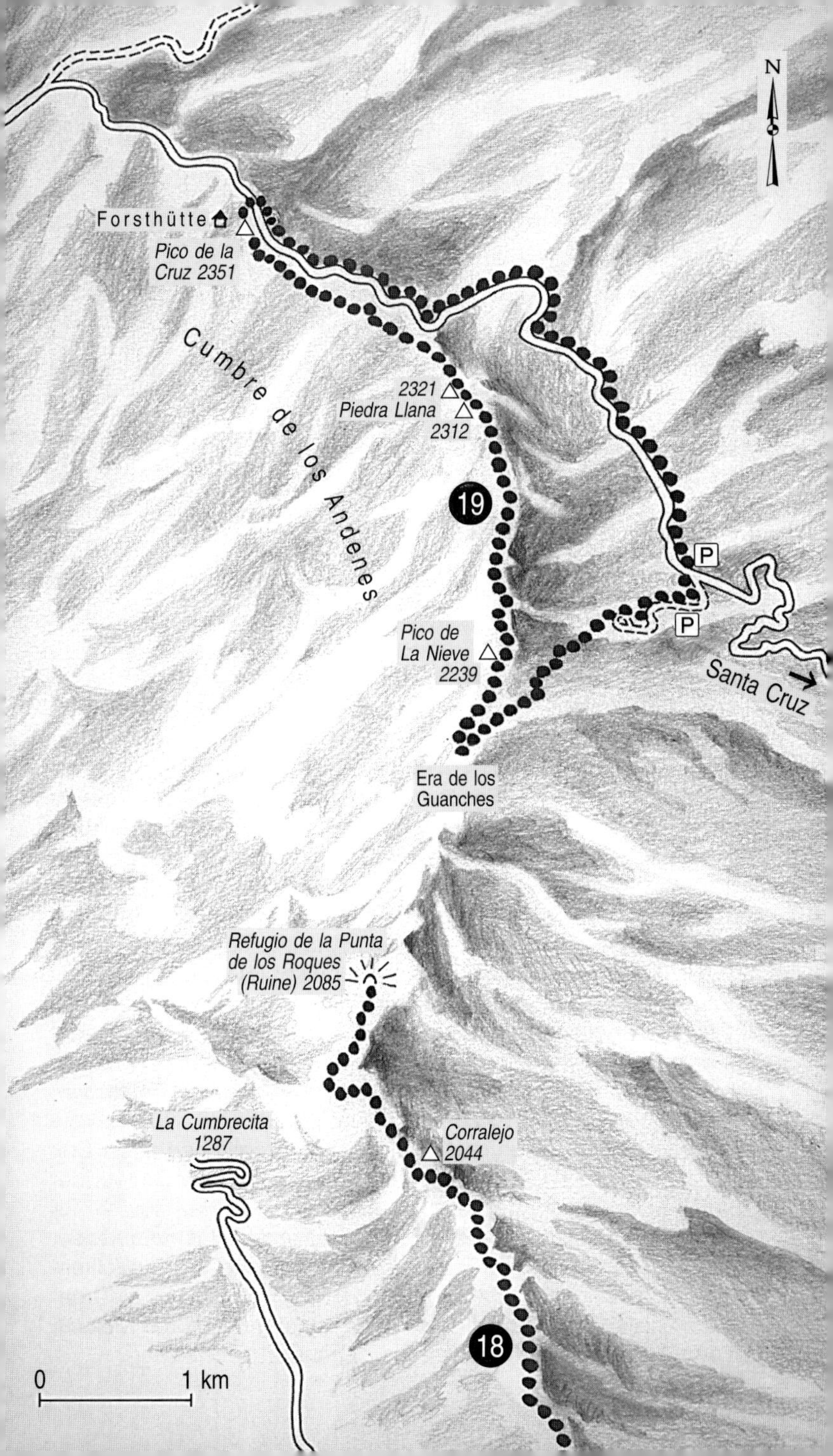
N
Forsthütte
Pico de la
Cruz 2351
Cumbre de los Andenes
2321
Piedra Llana
2312
19
P
P
Santa Cruz
Pico de
La Nieve
2239
Era de los
Guanches
Refugio de la Punta
de los Roques
(Ruine) 2085
La Cumbrecita
1287
Corralejo
2044
18
0
1 km

Sanfter Start zum beliebten Aussichtsgipfel Pico de la Nieve.

An der ersten Wegteilung steigt die bequemere Trasse hart rechts unmittelbar zum *Pico de la Nieve* auf. Mehr Abwechslung bietet der Steig geradeaus. Zwar führt er eigentlich zur Hüttenruine des *Refugio de la Punta de los Roques* und letztlich hinunter zur *Cumbre Nueva,* er ermöglicht jedoch auch einen interessanten Abstecher beim Ausflug auf den schneelosen „Schneeberg“ Pico de la Nieve. Denn wo der Weg nach einigen aufgestellten Felsschichten die Kammseite zu wechseln beginnt, erwartet den Bergwanderer ein unvergeßliches Abenteuer. Abgeschlagenes Gestrüpp verdeckt hier den Beginn einer alten Trasse. Wer dieses künstliche Hindernis übersteigt, findet sich nach wenigen Minuten in einem flachen Oval aus roter Erde wieder, an beiden Seiten abgeschirmt durch aufrecht stehende, mannshohe Steinbarrieren. Kenner entdecken schon da vereinzelte in den Fels gezeichnete Spiralen. Hinter der südlichen Plattenwand wiederholt sich das eigentümliche Bild. Nur daß die Rückseite dieser Felsen jetzt deutlichere Petroglyphen zeigt. Das ist *La Erita (Era de los Guanches),* der Versammlungsplatz der Guanchen. Auf dieser Bergeshöhe mögen die Ureinwohner ihre Riten gepflegt haben, so wie Indianerstämme in den Hochanden oder Vorzeitmenschen auf den Bergen Südtirols. Wenn dichte Wolkenfetzen um diese heidnische Kultstätte ziehen, weht ein Hauch Urgeschichte herüber. Auch auf dieser Insel empfand sich der Mensch auf den Bergen dem Himmel ein Stück näher.

Wilde Tiefblicke vom Höhenbummel am Calderarand.

Am Weg von der Kultstätte zurück, zweigt bald ein deutlicher Steig nach links ab, hinauf auf den Kamm. In Kehren strebt eine Gasse dem *Pico de la Nieve* zu. Bei einer kleinen Aussichtskanzel trifft dieser Weg auf den Direktanstieg von der Forstpiste her und gewinnt schnell den Gipfelrücken. Begrüßt wird der Wanderer dort gleich von einer ganzen Schar von Steinmännern. Rundschau und erste Brotzeit mit Ziegenkäse und einem Schluck „Vino de mesa". Ein Prosit auf die Aussicht!

Wellig wölbt sich der Calderarand im weiten Halbkreis um den dampfenden Talkessel. Der höchste Berg, der *Roque de los Muchachos,* tritt trotz seiner 2426 Meter kaum hervor aus dem Gipfelkranz. Seine Felszacken wirken aus der Ferne nur wie ein einziges Steinhäuschen. Viel imposanter ist da die Schau auf das Wolkenmeer über dem Atlantischen Ozean, das nur die Pyramide des *Teide* auf Teneriffa durchbricht. Vielleicht erkennt man noch eine Andeutung von der flachen Scheibe der Insel *La Gomera; El Hierro* entdeckt man schon nicht mehr. Ein Blick wie aus dem Bordfenster eines Flugzeugs.

Ein paar Schritte geht es wieder hinunter. Von Steinen eingesäumt, zieht der Weiterweg eindeutig an der Ostseite um einige Kuppen herum. Stellenweise streifen übermannshohe Codesobüsche das Gesicht, verdecken auch die Stolpersteine, Sand- und Trümmerhänge schießen hinunter zur asphaltierten Autostraße. Ein in den

großen Zügen einfacher und klarer Landschaftsaufbau; Abwechslung bieten vor allem die Nahbilder der wechselnden Kombinationen aus Ginster, Asche und basaltischen Felsblöcken, zwischen denen so manches grünt und blüht. Lustig anzusehen ist auch das Spiel der Rabenvögel, die um die Felsklippen segeln, als wollten sie den Wandersmann locken, es ihnen gleichzutun.
Rechts unten gewahrt man ein merkwürdiges Stahlmonument für Gottweißwas, und nach viel beschaulichem Höhenbummeln nahe dem Grat führt ein letzter Aufstieg durch einen Bonsaigarten vulkanischer Felsgebilde zum *Pico de la Cruz,* 2351 Meter, mit Steinhütte, Solaranlage und Antennenresten. Im Angesicht der Gebäudekomplexe astrophysikalischer Forschung ist dann das nahe Asphaltband der Höhenstraße schnell erreicht. Aus ist's mit dem Höhenbummel, der Weiterweg existiert nur mehr in Stücken; auch ist die Entfernung zurück zum Wagen zu weit.
Wer auf dem Rückweg nicht als Anhalter reisen kann, muß die Höhenstraße unter die Füße nehmen: Über die *Cumbre de los Andenes* verkehrt kein öffentlicher Bus. Gar so langweilig, wie man befürchtet, ist dieser Weg allerdings nicht. Denn der Marsch am Rand des Asphalts läßt viel Muße, am Straßenaufschluß das Farben- und Formenspektakel des verschiedenartigen vulkanischen Gesteins zu studieren. Grau, schwarz, gelb, ocker, ja sogar feurig orange – so präsentiert sich der Fels als versteinerter Schaum, durchsetzt von Säulen, von Steinsäcken, oft auch nur als bröckelndes Gekröse. Vereinzelt ist in den nahen Steinmassen das nur auf dieser Insel vorkommende Palma-Veilchen zu sehen. Und ständig der *Teide* auf Teneriffa: Alleinherrscher am Horizont, der über Meer und Wolken thront. Nur die Füße sind halt nach einer guten Stunde neben – und manchmal auch auf – Asphalt ungemein dankbar, wenn sie sich beim Auto der Bergschuhe entledigen dürfen.

20 Auf den höchsten Punkt La Palmas

Exkursion zum Pico de los Muchachos, 2426 m, und zur Somada Alta, 1926 m

Start/Ziel: Westlichste Kehre der Stichstraße zum *Pico de los Muchachos* (ICONA-Tafel), kaum Parkgelegenheit! (Auffahrt mit Pkw von *Santa Cruz* oder von *Hoya Grande* zur Caldera-Höhenstraße; abzweigen durch die Schranke vor den Arbeitsgebäuden des Observatoriums.) Siehe Karte S. 139.
Höhenunterschied: Ca. 500 m (geringe Gegensteigungen).
Gehzeit: Insgesamt 5 Std.
Route in Stichworten (Abstecher auf den *Pico de los Muchachos,* auch *Roque de los Muchachos,* s. Text): Von der ICONA-Orientierungstafel auf Stichstraße zu neuem Gebäude – in der Kammsenke unterhalb undeutliche Pfadspuren – auf diesen immer in Kammnähe, die Felsköpfe umgehend, zur *Somada Alta;* auf gleichem Weg zurück.

Los muchachos – diese Burschen! Gemeint sind damit keine Jung-Caballeros, sondern die verwitterten vulkanischen Reste auf dem höchsten Punkt der Insel. Mit viel Phantasie erinnern ihre Umrisse an menschliche Figuren. Die Urtümlichkeit des Geländes um die öde Kuppe ist leider durch die gewiß ungemein wichtigen Baulichkeiten des astrophysikalischen Observatoriums zerstört. Auch die Wissenschaft fordert ihre Opfer! Zudem sind seit dem Bau der Autostraße die alten Fußanstiege auf den Berg zugewachsen. Und: Wer würde sich heute noch die 2000 Meter Höhendifferenz von *Hoya Grande* her antun! Soll man sich deshalb die höchste Erhebung der Insel mit ihrer Rundsicht entgehen lassen? Nein! Zweimal nein!
Wer die weglose Geröll- und Gestrüppsafari abseits der Straße vermeiden will, aber auch nicht gänzlich unsportlich die Spitze zu „erfahren“ gedenkt, dem bleibt nichts anderes übrig, als auf den Asphaltkehren hinaufzutrotten. Mit einem garstig' Lied über den „Fortschritt“ auf den Lippen. Erst weit oben nach der Brücke, ein Stück oberhalb der höchsten westlichen Kehre, leiten Spuren über einen Sandbuckel bequem hinauf auf den kleinen Gipfelparkplatz für Autos. Die Felsreste daneben wirken als eigenwillige Gipfelzeichen. Ausgiebig guckt man in den oftmals wie ein Krater dampfenden Calderakessel hinein, tanzt zwecks 360-Grad-Rundschau um die Felsmännlein herum – und macht die eigentümliche Erfahrung, daß die Himmelsglocke am Horizont rundherum auf dem Wasser

aufliegt. Nichts als Wasser. Blau auf blau. Nur unter den Füßen der mächtige Buckel der La-Palma-Berge, wie ein standfestes Schiff. Ein richtiges Inselgefühl.
Weil aber ein so kurzer Gipfelspaziergang ganz und gar nicht befriedigen kann, drängt sich von selbst ein Ausflug über den noch wenig begangenen Westteil des Calderakammes auf, gleichsam als logische Fortsetzung des so schönen Höhenweges *Pico de la Nieve–Pico de la Cruz.* Auch wenn man auf das Zwischenstück aufgrund der weitum verteilten Bebauung der Forschungseinrichtungen noch verzichten muß. Vorerst! Denn die ICONA hat ihre Absicht kundgetan, diese Unterbrechung bald für den Tourismus zu öffnen.
Der Einstieg ins heutige Abenteuer liegt genau an jener besagten westlichsten Straßenkehre. Hier zeigt die übliche ICONA-Orientierungstafel einen wanderbaren Kammweg an. 1991 durfte der neugierige Wanderer noch im Tourenbuch notieren: „Bei zwei Steinmännchen führt eine Gasse durchs Ginstergesträuch in den Sand der nächsten Senke. Um das Hindernis des westlich ausstreichen-

Felsabstürze auch unter La Palmas höchstem Punkt, dem Pico de los Muchachos.

den Trümmerrückens herum aber führen kaum Wegspuren. Auch keinerlei Markierungen oder Steinmännchen." Und jetzt? Da leitet ein Fahrweg zu einem Neubau. Mit Aufschüttungen und allerlei Abfall. Erst in der erwähnten Kammsenke ist Bergwanderers Welt wieder in Ordnung. So rasch ändert sich auf der Wanderinsel La Palma die Wegsituation. Nicht immer nur zum Vorteil.
Wo kürzlich noch Wildnis war, sind jetzt die Pfadspuren erkennbar. Unmarkiert und kaum mit Steinmännchen versehen, umgehen sie jenen Trümmerrücken, queren auch Schotterhänge und schmuggeln sich reizvoll um die Felshöcker herum. In den Einsenkungen dazwischen fällt der Blick wiederholt durch wüste Felsschluchten in die Caldera hinab, 1500 Meter tief! Welches Foto vermag diesen Eindruck von Tiefe wiederzugeben, den man hier bei der Rast ganz gefahrlos genießt?
Wer als erfahrener Bergwanderer lieber den Stier bei den Hörnern packt, kann alternativ auch über die niederen Schrofenköpfe ohne Probleme in die nächste Einsattelung hinübersteigen. Von einem „Parkgrenze"-Schild zum nächsten. Letzlich steht man dann auf der *Somada Alta,* 1926 m, dem letzten höheren Gipfel im Kranz um die *Caldera de Taburiente.* In ihren Kessel hinein stürzt die Somada mit scharfen Steilwänden ab. Gegen Westen hin scheint der Gipfelrükken mit weiten Codesofeldern nach den obersten Pinien ins Meer zu tauchen. Nach Südwesten hingegen streicht der Calderakamm in bebuschten Köpfen zum *Mirador El Time* aus. Ja, jenem „versteckten Mirador" (siehe S. 118 ff.), der auf Steigspuren in 5½ Stunden zu erreichen wäre. Den Abstieg zur weit vom Start abliegenden Küstenstraße nicht eingeschlossen!
Die Caldera selbst und ihre wenig ausgeprägten Randberge hat man somit aus allen Perspektiven gesehen, das an sich simple Baumuster aus den verschiedenen Himmelsrichtungen erlebt. Man behält ihn im Gedächtnis, diesen gegen die See hin weniger steil abdachenden Kamm, der den ungeheuer tief ausgefressenen Kessel der Caldera wie ein Hufeisen umfaßt. Diese abschließende Exkursion über seinen westlichen Bogen hat für den Autofahrer nur einen Haken: Er muß auf dem gleichen Weg wieder zurück. Also knapp 600 Höhenmeter wieder hinauf! Zwischen Blockwerk und Codesos, über Geröll, leichte Schrofen und Sand. Jetzt immerhin auf Pfadspuren. Die ICONA hat Recht mit ihrem auf der Tafel eingezeichneten Höhenweg. Übrigens einer Route, die landschaftlich vielleicht noch eine Spur interessanter, noch eindrucksvoller ist, als die auf dem häufiger begangenen östlichen Kamm. Auch wenn Vor- und Nachspeise in diesem Wandermenü erst einmal nicht schmekken mögen.

21 Der „Dicke“ in der Mitte

Vergnügliche Sonntagsrunde zum Aussichtsvulkan Birigoyo, 1808 m

Start/Ziel: Parken am Rastplatz *El Pilar,* 1505 m (von der Straße *Santa Cruz–Los Llanos* nach westlichem Tunnelausgang auf bezeichneter Regionalstraße erreichbar).
Höhenunterschied: Ca. 300 m.
Gehzeit: Insgesamt 3–4 Std.
Route in Stichworten: Am Südende des Rastgeländes rechts guter Weg – bei erster Abzweigung Kehre nach rechts – an der *Birigoyo*-Flanke weiter ansteigen – bei zwei einzelnen Pinien durch Geröll (Pfad) zu Erdpiste queren – diese nach links hinauf – bei ausgeschobener Pistenverbreiterung nach oben in den Hang (Steinmännchen) und auf Steig zum Westkamm – zum Sattel empor – nach N zum *Birigoyo*-Gipfel, 1808 m, Abstieg auch auf Spuren nach N möglich.

Er fällt von *Los Llanos* aus auf. Er sticht von Osten her aus der Kulisse der Cumbre Vieja hervor. Er steht als markantes Wahrzeichen über dem Cumbre-Nueva-Weg. Und dem Ausblick vom Aufstieg zur Hüttenruine verleiht seine Idealgestalt über den Pinienwipfeln geradezu einen japanischen Touch. Immer wieder zieht sein gewichtiger Kegel den Blick auf sich. Gemeint ist der Birigoyo mit seinen kaum mehr als 1800 Metern.
Daß er einen phantastischen Ausblick bieten muß, darauf läßt allein seine zentrale Lage schließen. Daß er indes auch leicht und in kurzer Zeit erreichbar ist, weiß nicht jeder auf La Palma. Ein richtiger „Feiertagsgipfel“, den man geruhsam angehen kann, mit viel Zeit zum Schauen.
Auch wir saßen an einem Sonntag droben. Das Wetter schien uns zunächst nicht ganz geheuer, wir waren die ganze Woche gelaufen und hatten auf ein größeres Unternehmen nun absolut keinen Appetit mehr. Denn wie sagt der Herr schon im Alten Testament? „Am siebenten Tage aber sollst du ruhen.“ Doch wo könnte man den Herrn wohl höher loben als droben auf einem Gipfel. Auf einem solchen Aussichtsgipfel noch dazu?
Das *Refugio El Pilar* ist mit dem Wagen verhältnismäßig schnell zu erreichen. Die beschilderte Abzweigung auf der Westseite des Cumbre-Tunnels wird wohl niemand übersehen, und die nun vollständig asphaltierte Regionalstraße setzt keinem Fahrer ernst-

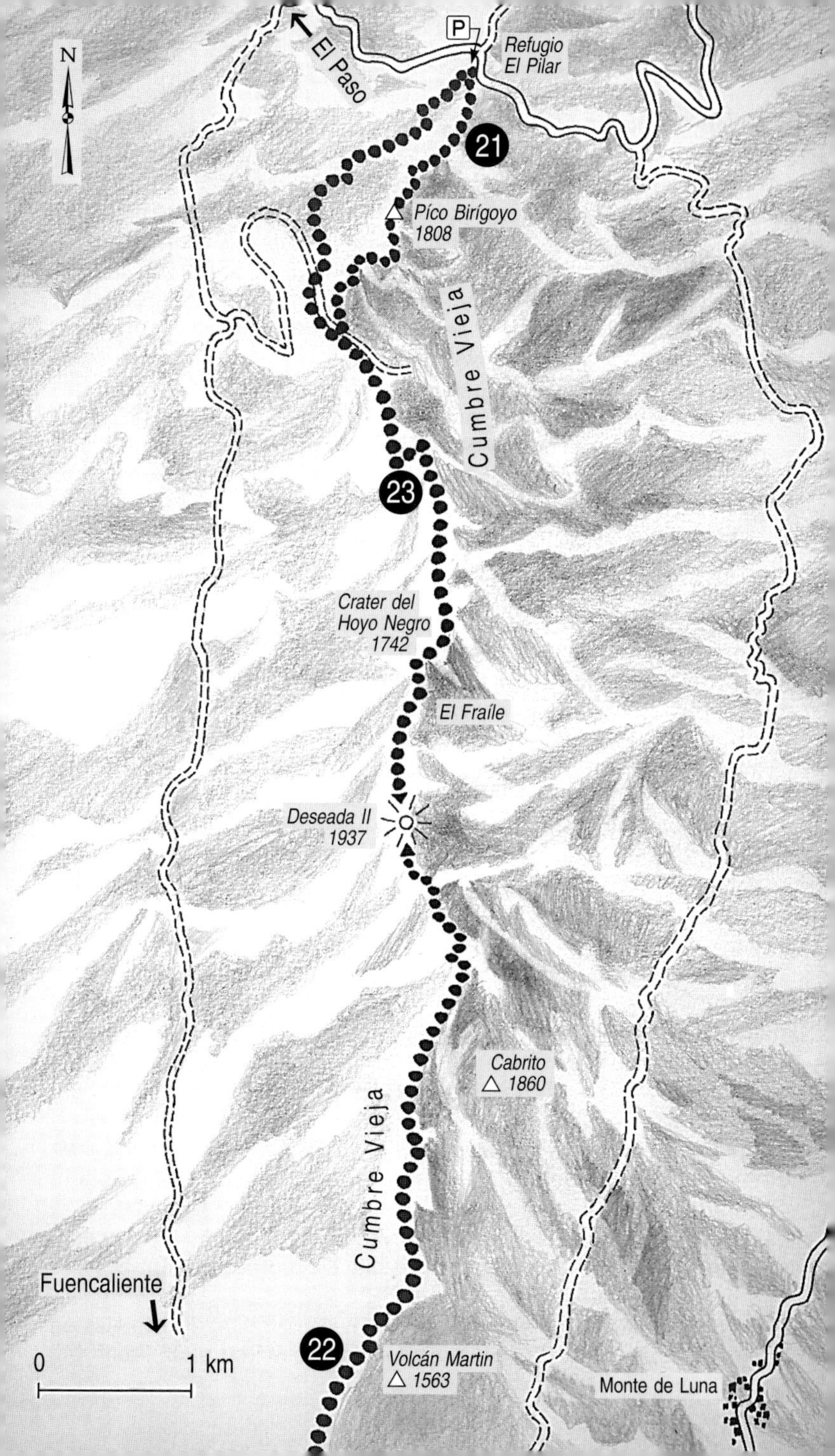

N
El Paso
P
Refugio
El Pilar
21
Píco Birígoyo
1808
Cumbre Vieja
23
Crater del
Hoyo Negro
1742
El Fraíle
Deseada II
1937
Cabrito
1860
Cumbre Vieja
Fuencaliente
22
Volcán Martin
1563
0
1 km
Monte de Luna

lichen Widerstand entgegen. Platz zum Parken findet man gegenüber der beliebten Raststätte selbst an einem Sonntagmorgen noch unter dem Dach der Pinien.
Hinein in das Wandervergnügen geht es dann durch das hölzerne Eingangsportal „El Pilar“. Zwischen dem einzigen Gebäude und einem Holzbrückchen hindurch erreicht man den südlichen Rand der Erholungsfläche. Unmittelbar vor der Abgrenzung aus Felsblöcken zweigt gegenüber dem Wasserbehälter scharf rechts ein gut kenntlicher Weg ab. Seine Bauweise erinnert in Querschnitt und Steigung an alte Köhlerwege in den Alpen, die Linienführung aber gewinnt im schattigen Pinienforst rasch mit einer Serpentine an Höhe. Bei der ersten erkennbaren Wegabzweigung wendet man sich wie von selbst wiederum nach rechts (Westen). Hilfreiche Seelen haben über die Fortsetzung geradeaus, die sich sehr bald im Wald verliert, Äste gelegt. Man steigt nun um den Bauch des Vulkans Birigoyo herum. Was soll da eine genaue Beschreibung? Die Route ist nicht zu verfehlen, und den Reiz dieser Landschaft, die Tiefblicke aufs *Valle de Aridane,* muß man erleben. Ein echter befestigter Bergweg, kaum steil und gänzlich ungefährlich. Was da ober- und unterhalb auf dem Geröll und in den Gräben alles grünt und blüht! Und das das ganze Jahr hindurch! Die gleichmäßig temperierte, feuchtigkeitsgesättigte Seeluft genügt selbst vielen Durstkünstlern zum Leben. Im Frühjahr glaubt man sich unter so vielen weiß blühenden Ginsterbäumen gar in einen Kirschblütenhain versetzt.
Nach einem kräftigeren Anstieg auf beweglichem Grus mündet in einer Hangfalte zwischen Büschen von oben eine wilde Abstiegsspur. Sie hat für den Wanderer keine Bedeutung. Der Steig zieht vielmehr zu zwei auffälligen, einzeln stehenden Pinien hinüber. Sodann traversiert er durch Vulkangeröll zu einer Piste, die durch eine offene Mulde emporstrebt. Diese erdige Waldstraße schlendert man hinauf und muß nun auf eine kleine, frisch ausgeschobene Verbreiterung achten. Da ist sie! Einige Meter höher im bergseitigen Hang steht auch ein Steinmännchen. Wenig auffallend zwar zwischen den Steinbrocken, bei etwas Achtsamkeit aber zu finden. Das ist das Zeichen, das die Abzweigung zum *Birigoyo* anzeigt.
Anfangs schlecht kenntlich, beginnt hier linker Hand im schütteren Bergwald ein im Unterholz eingetretener Steig. Augen auf! Er geht geradewegs zwischen den vereinzelten Mini-Pinien hindurch, ohne Umschweife, ohne Zickzack. Wo der nur mehr spärlich bewachsene Hang an Steilheit zunimmt, ist die Wegspur dann mit Steinen provisorisch befestigt.
Hierher buckeln die einheimischen Gleitschirmflieger ihre Lasten hinauf; unter dem Kamm eine Plattform, ein Startplatz, auch ein

Windsack fehlt nicht. Am Sonntag segeln die bunten Schirme von da aus lustig in den Aufwinden über dem Hang. Bis weit hinaus zur Küste.

Auf dem freien Rücken steigt man auf Trittspuren weiter hinauf. Links der Trichter eines ausgebrochenen Kraters, um den herum sich der Kammausläufer schmiegt. Vor sich hat man als nächstes Ziel eine Einsenkung im Gipfelkamm. Sollte es allzu kühl wehen, so schützen jenseits des Sattels Büsche ein wenig vor dem Wind. Da gibt's ruhige Plätzchen zur Brotzeit. Beim Genuß der gewohnten Mandeln, beim unverzichtbaren Ziegenkäse und dem geliebten Wein ein eindrückliches Erlebnis. Man schmeckt und riecht den exotischen Duft der grandiosen Gebirgsinsel.

Nur noch ein Katzensprung ist's von da aus hinauf zum Gipfel des *Birigoyo,* 1808 m. Die bröckelige Geröllkalotte des großen Kegels steht frei im Raum. Fast 2000 Meter tiefer brandet auf beiden Seiten das Meer gegen die Küste. Ein schäumender, weißer Saum. Besonders eindrucksvoll aber ist der weite Blick über die Mulde des *Valle de Aridane,* dieses fröhliche Wohnzimmer der Insel: sonnig zumeist, selbst wenn die Passatwolken über den Damm der *Cumbre Nueva* herüberschwappen. Die *Cumbre de los Andenes* schließt das Panorama in ihrer ganzen Breite ab. Der *Bejenado* hingegen, wie auf diesen Prospekt aufgeklebt, versteckt hinter sich die Geheimnisse der Caldera. Ein wunderbarer Ausguck, dieser Birigoyo! Palmerische Gipfelwanderer haben ihr Hochgefühl hier auf ihre eigene Weise ausgedrückt. Noch im Februar waren just unter dem bescheidenen Gipfelkreuzchen Krippenfiguren aufgebaut.

Wirklich, man möchte sich hinausschwingen in die Lüfte, hinaus in den Raum. Dem erdgebundenen Fußgänger bleibt leider nichts anderes übrig, als zu Fuß wieder hinunterzugehen. Dazu bietet sich die Pfadspur in der Nordflanke geradezu an. Steiler Zickzack oder, so man will, Abfahrt im Grus daneben. Unten jedenfalls ist man schnell – wenn die Gelenke mittun. Zum Abschluß das Spalier der Sonntagsgäste im Erholungsgelände *El Pilar:* Familien, Grüppchen, Gruppen und ganze Scharen – Jubel, Trubel, Heiterkeit. Es wird gegrillt und gebraten, Käse geschnitten, Kuchen geteilt. Der Wein füllt immer wieder die Pappbecher…

22 Wandervergnügen im Sandgebirge der Cumbre Vieja

Seltsame Wanderung durch Wald und sonnseitige Sandmulden auf einen Fast-Zweitausender

Start/Ziel: *Fuencaliente,* Kirche, 720 m, etwas oberhalb der Ortsdurchfahrt. Siehe Karte S. 161 und 165.
Höhenunterschied: 1200 m (geringe Zwischenabstiege).
Gehzeit: Insgesamt 7–8 Std. (Kann durch Anfahrt auf Piste auf 5 Std. verkürzt werden).
Route in Stichworten: Östlich der Kirche auf Piste zum Sportplatz – weiter zur Verebnung *Los Riveros* (Wegtafel) – rechtwinklig nach rechts (O) und weiter auf Piste – bei Fahrwegeinmündung geradeaus und an Stichstraße vorbei zu ausgeschobener Pistenabzweigung im Hang – Trasse rechts hinauf zu Wegtafel „Fuente del Tion" (bis hierher mit Pkw befahrbar) – undeutlichen Fahrspuren nach N folgen – bei Abzweigung (leicht zu verfehlen!) links abbiegen – zwischen lockeren Steinreihen (Randmarkierung) durch Wald – bei Lichtung steilen Fahrweg hinauf – die beginnenden, von Steinbrocken eingesäumten Trittspuren am schwarzen Sandhang hinauf – immer auf Lavasand über steilere Geländestufen und durch Mulden in den W-Hang des *Volcan Martin* – auf Verbindungskamm nach N empor zur Ebene *Hoya de la Manteca* – durch weitere Mulden (dazwischen Waldstück) zum freien Kamm ansteigen (oberste Mulde kurz vor Ende links durch Büsche verlassen!) – auf dem S-Rücken zur *Deseada II,* 1937 m; zurück auf gleichem Weg.

Von *Fuencaliente* zieht sich nach Norden ein ausgedehntes Waldgebiet in die *Cumbre Vieja* hinauf. Für beliebig auszudehnende Ausflüge ist das eine recht lohnende Region. Teils führen Erdpisten, teils Fahrwege durch das kleinräumig wechselnde Gelände. An manchen Weggabelungen findet man sogar Hinweisschilder auf die erreichbaren Ziele. Leider stehen die meisten der darauf genannten Namen nicht einmal auf der topographischen Karte.
Solange es auch in diesem Gebiet keine hilfreichen Markierungen gibt, sind Vergnügen solcher Art nur mit Spürsinn zu erleben. Eine löbliche Ausnahme macht der ebenfalls nicht markierte Rundkurs von *Los Riveros* über den Fernsehumsetzer zum gepflegten Erholungsgelände *Fuentes de los Roques* und über *Pino de la Virgen*

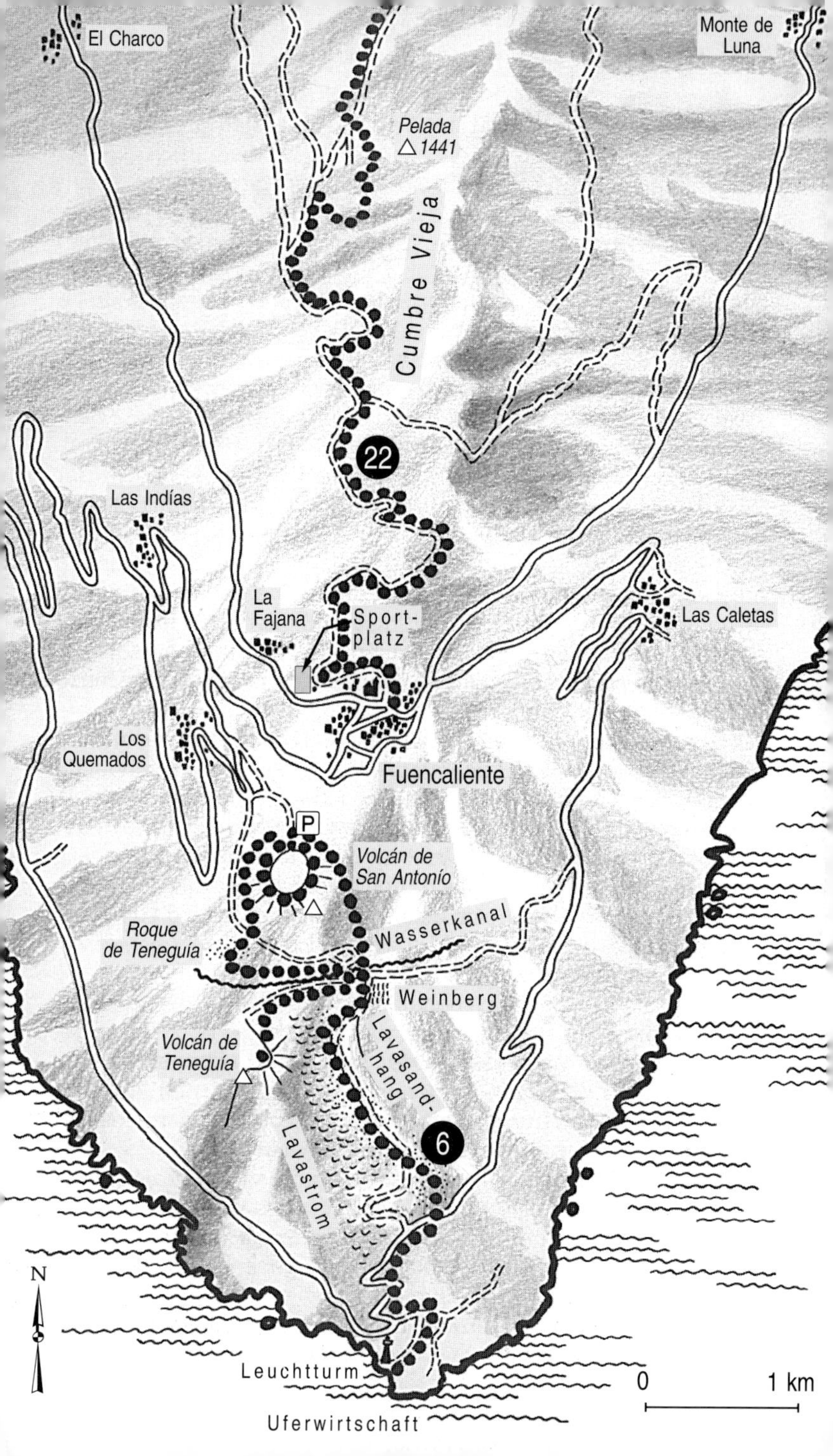

El Charco
Monte de Luna
Pelada
1441
Cumbre Vieja
22
Las Indías
La Fajana
Sport-platz
Las Caletas
Los Quemados
Fuencaliente
P
Volcán de San Antonío
Roque de Teneguía
Wasserkanal
Weinberg
Volcán de Teneguía
Lavasand-hang
Lavastrom
6
N
Leuchtturm
Uferwirtschaft
0
1 km

wieder nach *Los Riveros* zum Wagen. Ansonsten geht jede der Wanderungen stets auf der gleichen Route wieder zurück.
Dies trifft auch für diejenigen Selbstfahrer mit gemietetem Wagen zu, die aus Gründen der Länge und Umständlichkeit der „Ruta de los Volcanes", diese grandiose Vulkanwanderung, in zwei Hälften aufteilen wollen. Die eine reicht üblicherweise von *Fuencaliente* bis zur *Deseada* (und wieder retour), die andere führt von *El Pilar* im Norden in umgekehrter Richtung zur *Deseada* (siehe S. 171 ff.). Immerhin hat dieses Verfahren einen mitunter unschätzbaren Vorteil: Man muß nur so weit gehen, wie man eben mag.
Zweckmäßigerweise wird man als Vorspiel den Abschnitt von *Fuencaliente* aus wählen. Den Höhepunkt der Vulkanroute, das Herzstück, spart man sich besser als Finale auf. Wem dabei nicht an der Wanderleistung gelegen ist, dem sei geraten, von Fuencaliente aus noch ein gutes Stück weiter durch den Wald zu fahren; die holprige Piste kann dem Eiligen (oder Wandermüden) bis zu 2 Gehstunden ersparen. Diese Piste zweigt östlich der Kirche gegenüber einem sympathischen kleinen Hotel ab. In einer Schleife steigt sie hinter dem Gotteshaus, an Beton-Bauruinen vorbei, zum Sportplatz an. Und dieser Sportplatz hat eine Besonderheit: Er füllt fast zur Gänze einen alten Krater aus.
Am Sportgelände wendet sich der Fahrweg scharf nach rechts und erreicht kurz darauf bei *Los Riveros* ein verstecktes Wiesengelände. Gern möchte man hier verweilen, doch das Täfelchen an einem Baum schickt einen gleich zu Beginn dieser landwirtschaftlich genutzten Verebnung ohne Gnade auf den Weiterweg, rechtwinklig nach rechts. Durch das Gewirk der Felder hin schlägt der Wirtschaftsweg einen Bogen und gelangt mit einem Umweg an die bezeichnete Abzweigung „Pino de la Virgen". Hier hält man sich links – nicht rechts auf dem vergrasten Fahrweg!
In Kurven zieht das deutlich befahrene Sträßchen nun weiter durch ununterbrochenen Hochwald, der das sanft kupierte Gelände bedeckt. Nach einer Weile steht – oder hält – man im Ebenen an einer Verzweigung und studiert wiederum eine Wegtafel. Klar: Geradeaus geht es weiter! Denn rechts käme man zum Fernsehumsetzer und zur „Zona recreativa" *Fuentes de los Roques.*
Jetzt legt der Fahrweg einige wenige Kehren ein und passiert einen merklichen Rücken im Kammverlauf. Eine ungewohnte Waldweide überrascht mit kleinem Ausblick. Dann dreht die Trasse endgültig nach Norden ab und strebt, an einer links abgehenden Piste vorbei, am steiler werdenden Westhang der Cumbre entlang, Richtung *El Paso.* Vereinzelt hocken jetzt am Straßenrand unscheinbare Steinmännchen. Aha! Die Zufahrt ist also richtig erraten. Wer hier aller-

Wandern im Sandgebirge der Cumbre Vieja.

dings lieber die im Kiefernforst blühenden Gewächse aufspürt, muß sich nicht wundern, wenn er die Männchen nicht entdeckt.
Erst an einer nicht zu übersehenden, weil aus dem Abhang herausgeschürften Straßenverzweigung beginnt das eigentliche Abenteuer: ansteigend nach rechts, also nach Osten. Und gleich findet die ausgeschobene Fahrpiste denn auch auf einer Lichtung ihr Ende. Nur ein Schild zeigt nördlich bergauf zur *Fuente del Tion.* Gehspuren, Reifenspuren, zunächst undeutlich, zu einer nahezu ebenen Fläche im Wald. Hier gabeln sich die Spuren: Von Steinen gesäumt, geht es noch einmal nach links. Die auf dem Waldboden nur schlecht sichtbare Naturtrasse windet sich nun unbefestigt zwischen den Pinienstämmen hindurch. Wichtiger Merkpunkt ist schließlich ein steil ansteigendes Wegstück, das man in unseren Gebirgen als „Ziehweg" bezeichnen würde. Hier wird der Blick hinauf zu den Bergkuppen erstmals frei. Und hier setzt endlich der reine Fußsteig durchs Sandgebirge an, die letzten Reifenspuren Unentwegter hinter sich lassend.
Von zwei parallelen Steinreihen deutlich eingefaßt, ziehen da unverkennbar im schwarzen Sand über dem Ziehweg Trittspuren durch lichten Pinien-Jungwald empor. Einige weiße Farbpunkte zieren den kräftig ansteigenden Steinsaum, der nicht zu verfehlen ist. Von hier an sind die Sandhänge ein ständiger Begleiter: weich, doch selbst in steileren Partien nur mit wenig Mühe zu begehen,

wenn man richtig hintritt. Feiner und feinster Lavasand, ausgeblasen bei den Vulkaneruptionen, hingeweht und windverfrachtet, umkleidet nämlich weithin das steinerne Rückgrat der südlichen *Cumbre Vieja.* Ein seltsames Sandgebirge, das sich als vulkanisches Relikt verblüffend hoch aufschwingt.
Viele der jungen Pinien, die mit ihren grünen Tupfen die aschgrauen Flächen am Anfang des Sandgebirges beleben, sind angepflanzt. Eine der teilweise erfolgreichen Aufforstungen nach Jahrhunderten des Raubbaus am Wald. Hat man diesen ersten aufgeforsteten Sandhang vollends bewältigt, steht man vor einer Mulde, blickt in ein Tälchen – und hinauf zu einem Sattel am Kamm. Denn das ist, neben dem sandigen Boden, die zweite Eigentümlichkeit dieser Tour. Ein Sattel, eine Mulde, ein Tälchen und schließlich wieder ein Sattel am Kamm – hinauf, ein wenig hinunter, eben, und schließlich wieder bergauf. Die ständige Wiederholung dieser Kleinformen zwischen den vulkanischen Köpfen prägt den Charakter dieser Route – gleichsam eine Grundmelodie aus drei Tönen mit unterschiedlicher Begleitung. Und auf jedem Sattel weitet sich der Blick.
Den Routenverlauf im Detail zu beschreiben, ist unnötig. Der Text einiger akribisch scheinender Führerbeschreibungen stiftet mehr Verwirrung als Nutzen. Fast überall ist die jetzt oft begangene Wegspur zu erkennen, manchmal mehr, manchmal auch weniger. Unsichere Wanderneulinge sollten sich eben einer der Führungen anvertrauen. Wer hingegen nicht zum erstenmal wandert, vermißt die aus Deutschland gewohnten Farborgien der Markierungen kaum. Das Fehlen dieser oft überflüssigen Kleckserei en läßt der Vulkanroute gottlob noch etwas vom Reiz ihrer Ursprünglichkeit.
Der erste, der südlichste Kopf, an dem die Spur emporkriecht, heißt *Pelada,* 1441 m, der „Kahlgeschorene". Seinetwegen weicht niemand vom rechten Weg ab. Für neugierige Wanderer voller ungezügelter Leistungsfähigkeit ist der Berg vom bald erreichten Sattel ein unschwer zu besteigender Aussichtspunkt. Auf diesen Sattel folgt zur Erholung eine kurze Pinienmulde. Auf der nächsten Geländestufe fällt oben eine Schar kleiner Steinkreise auf – keine kultischen Zeichen, nur der Schutz für kümmernde Piniensetzlinge.
Nun quert der Steig die gröbere Geröllflanke des 1602 Meter hohen *Volcan Martin* zu dessen Nordabsenkung. Ein kurzer Abstecher auf dem hier nach rechts absteigenden Pfad eröffnet einen Blick in den erstarrten Feuerschlund. Er gibt zudem auch etwas Einblick in die Topographie der Ostseite der Cumbre Vieja. Wenn nicht, wie so oft, im Osten Gewölk ansteht...
Der weitere Aufstieg erfolgt ab der Verzweigung direkt nach Norden auf dem hier steinigen Verbindungskamm. Eine kleine, geschützte

Verebnung unter dem Schirm einiger Pinien drängt sich an dieser Stelle geradezu als Rastplatz auf: windstill, geborgen und mit Blick auf das aus einfachen, klaren Linien gefügte Bild des rötlich gefärbten Vulkans *Martin* samt seiner Umgebung über dem offenen Brotzeitrucksack.

Auf die nach solcher Kurzweil mit frischem Elan erklommene Geländestufe folgt – na was? Natürlich wieder eine Senke, voll Sand! Voll angenehmem Sand. Zur Abwechslung jedoch leiten diesmal Steinmännchen durch einen freundlichen, parkähnlichen Pinienhain. Man achte auf diese Wegzeichen! Denn hier, unter den Kronen der alten Bäume, ist die leicht ansteigende Wegspur nicht eben überdeutlich ausgeprägt.

Und wiederum schwingt sich ein fast nacktes Sandtälchen auf. Ein Schlauch sozusagen, hinauf zur waldlosen Kammhöhe. Was wird da nun dahinter liegen? Die nächste Senke? Nein, hier gibt es nun-

Steifer Höhen-Passat im La-Palma-Winter.

mehr eine flache Mulde. Vereinzelt sickern Büsche vom Westrand her in die aschfahle Sandfläche ein. An diesem Ort muß man etwas aufpasssen, um die Trittspuren durch den Rand des Gebüsches zu finden: nicht geradeaus im offenen Gelände weiter – vielmehr ein wenig links und dann etwas hinauf über Stock und über Stein. Hier gibt es kein eindeutiges Orientierungsmerkmal, kein unverkennbares Zeichen. Und dies ist wohl die einzige Stelle, wo man die Augen wirklich offenhalten muß.

Leicht abwärts schlägt der nun wieder eindeutige Steig einen Bogen um eine kleine Erhebung. Dann ist man endgültig oben am Kamm und amüsiert sich über die Kehrseite dieses Hügels: Am Eck ein seltsam geformtes Gebilde, ein Felsgebilde, das im Nebeltreiben eine altertümliche Festung vortäuschen kann. Weiter nach Westen sieht man auf das Kuppengelände der *Montaña los Bermejales* hinunter und dann aufs Meer, im Osten hingegen wallen ursprüngliche Kanarenkiefern bis fast zur Kammhöhe herauf und versperren so jede Aussicht. Eine natürlich gewachsene Bergwaldformation, durch Forstwirtschaft oder Raubbau kaum verändert, mit hübschen Lichtungen, in denen man verweilen möchte. Und möglicherweise mag einen da zwischen den märchenhaften Baumgestalten der Drang überkommen, im Sand zu spielen wie in seligen Kindertagen.

Hier oben gibt sich der Kamm der Cumbre als breiter Rücken mit Gehspuren und Grenzsteinen. Ein Stück Spaziergang zum Ausruhen, zum Atemholen, bis die Puste noch einmal gefordert wird. Schmal und geröllbedeckt erhebt der Kamm zum Schluß noch den Anspruch einer Bergtour und stellt seinen Buckel tüchtig auf. Schließlich ragt der Fast-Zweitausender *Deseada II,* 1937 m, auch voll aus dem Waldgebirge heraus. Und dieses letzte Stück will denn auch erklommen sein. Kneifen gilt nicht, man brächte sich wirklich um den wahrhaft höchsten Lohn der Tour. Ob von den Steinbrocken direkt am Ende des Aufstiegs oder vom Vermessungspunkt, ein wenig weiter: Die Aussicht ist einfach begeisternd! Man muß die Gebirgsinsel La Palma von hier oben gesehen haben, sonst kennt man sie nicht.

Bergab läuft der Film „Wandervergnügen im Sandgebirge“ nochmals in umgekehrter Richtung ab. Gedehnte Mulden und Abhänge – eben schreiten, hinunter springen. Ein richtiger Spaß ist dieser Abstieg durch Hänge und Tälchen in feinem und feinstem Lavasand. Auf Sandpolstern am Steinkorsett der *Cumbre Vieja.*

23 Das Herzstück der Vulkanroute

Ungemein interessanter Höhenweg am Kamm der Vulkanberge

Start: Parken am Rastplatz *El Pilar,* 1505 m (von der Straße *Santa Cruz–Los Llanos* nach westlichem Tunnelausgang auf bez. Regionalstraße erreichbar). Siehe Karte S. 161.
Ziel: Wie Start; die vollständige Vulkanroute endet in *Fuencaliente.* Rückkehr von dort nach *El Pilar* mit Bus umständlich.
Höhenunterschied: Ca. 500 m (geringe Gegensteigungen).
Gehzeit: Insgesamt 5–6 Std.
Route in Stichworten: Am S-Ende des Rastgeländes nach rechts auf guten Wegen – bei erster Abzweigung Kehre nach rechts – an der Flanke des *Birigoyo* weiter ansteigen – bei zwei einzelnen Pinien durch Geröll (Pfad) zu Erdpiste queren – diese nach links hinauf bis zu zwei Steinmännern – hier nach rechts durch Parklandschaft (Trittspuren im Sand) – Pfad hinauf zum Kamm – Krater des *Hoyo Negro* links (O) umgehen – auf Steig über Felskanzeln – hinab am Kamm in die Geröll- und Aschemulde – über Lavasand auf die *Deseada II,* 1937 m; zurück auf gleichem Weg.

Eigentlich sollte man die „Ruta de los Volcanes" in einem Zug durchwandern. Diese grandiose Route über den bizarr mit Vulkanen, Kratern und Aschefeldern gespickten Kamm zwischen *El Pilar* und *Fuencaliente* ist wohl die eigenartigste wie großzügigste Höhenwanderung auf La Palma. Bewältigen kann sie der berggewohnte Geher an einem Tag, und das ohne Schwierigkeiten – wenn er öffentliche Verkehrsmittel benutzt und, ungünstigstenfalls, eine Übernachtung in Fuencaliente mit einkalkuliert. Wer indes auf die Bequemlichkeit seiner eigenen Kutsche nicht verzichten mag, beschränkt sich üblicherweise auf den Gang bis hin zur *Deseada* und zurück. Allein dieses Kernstück der Vulkanroute wird so nachhaltige Eindrücke vermitteln, daß man mit diesem Höhepunkt den Wanderurlaub beschließen sollte.
Den Weg zum Erholungsgelände *Refugio El Pilar* findet der Wagen jetzt fast schon von alleine: Abbiegen westlich des Cumbre-Tunnels und dann hinauf auf dem Asphalt der Regionalstraße. Platz zum Parken gibt's zwischen den Stämmen der Pinien, wo man will. Hier nimmt es niemand so genau. Wie auf der Tour zum *Birigoyo* (siehe S. 160 ff.) geht man am einzigen Häuschen vorbei zum südlichen

Rand des Rastplatzes und zweigt gegenüber dem Wasserbehälter scharf rechts auf den Steig durch den Pinienforst ab. Die Vulkanroute beginnt also auf dem Birigoyo-Weg um den dicken Vulkankegel herum. Und wiederum beeindruckt im Frühling der falsche „Kirschblütenhain" aus weiß blühenden Ginsterbäumen. Man begrüßt die zwei einzeln stehenden Pinien und traversiert durchs Vulkangeröll hinüber zur Erdpiste, die durch die offene Mulde emporstrebt.
Diese Waldstraße schlendert man wieder hinauf, diesmal aber vorbei an der ausgeschobenen Verbreiterung. Rechts bleibt eine überwachsene Piste unbeachtet. Erst bei zwei unübersehbaren Steinmännern, meist auch ausgelegten Ästen verläßt man den Fahrweg nach rechts. Hier setzt ein fast ebenes Wandern an – bei dem man allerdings auf die Trittspuren achten muß, denn die sind mitunter nicht eben deutlich. Mitten hinein führen sie in einen lichten vulkanischen Naturpark, Buschgruppen und vereinzelte Pinien setzen ihre grünen Tupfer in den schwarzen Lavasand. Über diesen weichen Boden webt gelbes Kraut schillernde Teppiche. Ohne Mühe schreitet man durch eine lichte und liebliche Landschaft.
Ein wundersamer Gang. Alles neu, alles fremd. Nur sanft ansteigend, führen deutliche Trittspuren von Steinmännchen zu Steinmännchen, geradewegs zu einem seichten Einschnitt hin. Da erst beginnt der Ernst der Tour. Einzelne auf Felsblöcke gepinselte weiße Pfeile weisen jetzt steiler zur Kammhöhe empor. Gelegentlich werden sogar Grenzsteine mit Nummern passiert. Bereits hier kann die Aussicht überraschend sein, wenn man nicht einmal mehr in den feuchten, kühlen Wolkenmassen des Passats steckt.
Fast erschrecken könnte man beim folgenden Abstieg über den Blick in den Ausbruchtrichter des *Hoyo Negro:* 1949 hat er seine Lavamassen zur Westküste hinuntergewälzt. Wie muß es hier gebrodelt haben! Schwarz und zerborsten das nacke Gestein. Eine verbrannte Wunde in der Flanke der Cumbre. Knapp vor dem Kraterrand schlägt die Pfadspur einen Haken und leitet im steilen Hang durch schütteren Pinienbestand weiter zu einzelnen Felsköpfen. Da – unten! Welcher Anblick! *El Fraile,* dieses Schreckensbild einer Vulkanwüste. Ein schauerlicher Kessel voll erstarrter Ausbruchsmassen, abgeschlossen von den Aschebergen des *Duraznero* und den Vulkanen der *Deseada.* Wir blieben hier lange stehen: Nie zuvor hatten wir so etwas gesehen.
Muß man vom sicheren Aussichtspunkt wirklich da hinunter in diese Wildnis aus zerschrundeter Lava? Man muß. Trittspuren durch scharfkantige Lava führen hinab in einen Sattel aus Lavasand, zie-

Bizarre Landschaft vulkanischer Kräfte auf der „Vulkan-Route".

hen weiter, an Lavabrocken und vereinzelten Ginsterbüschen vorbei, in eine weite Aschenmulde. Dürre Baumleichen zeigen, daß diese Landschaft nicht immer so kahl gewesen sein kann. Der anschließende Aufstieg zur *Deseada,* 1937 m – eine Spur im vulkanischen Grus. Jeder Schritt rutscht weg, kostet Mühe. Um so mehr genießt man nach dieser tollen Exkursion durch jungvulkanische Landschaftsformen die verdiente Gipfelrast.
Der Gipfel: ein hoher Felsrücken, oben drauf ein Vermessungszeichen. Irgendwo findet sich ein angemessenes Plätzchen zum Sitzen. Bald jedoch bohrt sich das scharfkantige Gestein durch das alpenerprobte Sitzkissen. Also steht man auf und guckt in die Runde. Ein herzlicher Abschiedsgruß an die nordwärts aus den Wolken tauchenden Bekannten der *Cumbre de los Andenes,* die Berge um die *Caldera de Taburiente.* Gegen Süden muß sich der Blick an den Rest der grünen *Cumbre Vieja* klammern, deren Sporn gegen *Fuencaliente* hin im Atlantik versinkt. Ein schmaler vulkanischer Rükken mitten im Ozean. Rechts Wasser, links Wasser – überall Wasser, rundum. Einzig der *Teide* auf Teneriffa ragt als tröstliche Landmarke aus dieser Unendlichkeit heraus. Ein Bild, das sich dauerhaft einprägt. In die Erinnerung ans Bergwandern auf La Palma.

Kleines Bergwander-ABC La Palma
(Stand 1992)

Abkürzungen:
N, O, S, W usw. = Himmelsrichtungen
Ausgsp. = Ausgangspunkt
Aussichtsp. = Ausichtspunkt
Gehz. = Gehzeit (insgesamt)
P = Parkmöglichkeit
Wdrg (n). = Wanderung(en)

Acampada → Lugar de Acampada.
Anreise → Verkehrsverbindungen.
Appartements → Unterkunft.
Aridane-Tal → Valle de Aridane.
Ärzte, deutsche In Santa Cruz: Tel. 41 23 02, in El Paso: Tel. 48 60 28.
Auskunft Offizielle Auskunftsstelle in der Casa Salazar, Calle O'Daly, Santa Cruz de La Palma, vorgesehen.
Tourist-Information: Inselreisebüro „Viajes Insular", Plaza de España No. 2, Santa Cruz de La Palma (Tel. 41 11 10, 41 20 46, 41 56 43), vermittelt Ausflüge und Führungen aller Art; man spricht dort auch deutsch. → „Contacto La Palma S.L." hilft auf der Insel bei vielen Fragen weiter.
Ausrüstung siehe Seite 38 f.
Autofähre Fährverbindung von Cadiz möglich, lohnt nicht für Kurzurlauber.
Baden Etwa 35 Strände mit schwarzem Sand, manchmal steinig, viele in abgelegenen Buchten; Brandung gefährlich, ortsfremde Badegäste sollten nur an beaufsichtigten Stränden schwimmen.
Bajada de la Virgen de Las Nieves → Las Nieves.
Bananenplantagen Staatlich gestützte Monokulturen in der Küstenregion bis etwa 300 m, Problemkind der Agrarwirtschaft der Insel; nur (wohlschmeckende!) Zwergbananen.
Barranco In das vulkanische Gestein oft tief eingeschnittene Schlucht, zumeist von Felswänden begrenzt; unwegsam.
Barranco de las Angustias Flaschenförmiger Schluchtausgang der Caldera de Taburiente zum Meer; auf schlechtem Fahrweg erreichbar von → Los Llanos aus über Los Barros; Ausgsp. für Wdrgn. in der → Caldera de Taburiente.
Barranco del Agua Einer der wildesten Barrancos der Insel im Lorbeerurwald; von → Los Tilos aus ein Stück weit begehbar, siehe auch → Reserva de Biosféra.
Bejenado → Pico Bejenado.
Belmaco, Cueva de Wohnhöhle eines Guanchenhäuptlings mit Felszeichnungen (um 930 n. Chr.) in der Gemeinde Villa de Mazo, Ortsteil Sabina, an der unteren Straße bei der Kapelle San Juan.
Birigoyo → Pico Birigoyo
Botanische Führungen → Führungen.
Buchhandlungen Deutsche Buchhandlung (Literatur und Karten) in Los Llanos bei → Contacto.
Bungalows → Unterkunft.
Caldera Geologischer Fachbegriff für Erhebungs- oder Einsturzkrater.

Caldera de Taburiente Kraterförmiger Erosionskessel mit 10 km Durchmesser und 20 km Umfang, großartiges Naturschaustück; seit 1981 naturkundlich interessanter „Parque Nacional". Keine echte → Caldera! Die C. de Taburiente bildet bis zum hufeisenförmig umgebenden Kamm einen der bedeutendsten für den Wandertourismus erschlossenen Nationalparks Spaniens. Betreten außerhalb der Wege verboten, Kampieren im → Lugar de Acampada mit Genehmigung der → ICONA (im Informationszentrum → El Paso erhältlich) möglich. Früher Aufbruch zu Touren empfehlenswert, da als Folge hoher Luftfeuchtigkeit in diesem Kessel fast täglich starke Wolkenbildung. Wdrg.: Auf Trittspuren durch den → Barranco de las Angustias, anschließend guter ICONA-Steig zum Campinggelände Lugar de Acampada am Rand des Wildbachkessels der → Playa de Taburiente (Gehz. 7–8 Std.); auf gutem ICONA-Weg auch vom schlecht erreichbaren → Los Brecitos aus (Gehz. 6–7 Std.). Einige Wdrgn. innerhalb der Caldera nur auf angelegten Wegen.

Caldera-Höhenstraße Großartige asphaltierte Aussichtsstraße über den Calderakamm, die → Cumbre de los Andenes; führt von → Santa Cruz nach → Hoya Grande an der N-Küste; Blick zum Teide auf Teneriffa, Einblick in die Caldera.

Calle Real (jetzt O'Daly) Fußgängerzone und Bummelmeile in Santa Cruz mit großartigen Patrizierhäusern.

Caminos reales Historische, kunstvoll angelegte und zumeist gepflasterte „Königswege"; in Resten erhalten. Soweit nicht durch neuere Straßen zerstört, sollen sie künftig dem Wanderer wieder erschlossen werden.

Camping Derzeit kein Campingplatz nach mitteleuropäischen Begriffen, aber Möglichkeit zum Zelten auf einigen der angelegten Rastplätze (→ Refugio bzw. Zona recreativa). Im Zentrum der → Caldera de Taburiente der → Lugar de Acampada ohne Sanitäranlagen und feste Unterkunft; Genehmigung jeweils in der „Casa forestal", für die Caldera im ICONA-Informationszentrum → El Paso besorgen.

Charterflüge Condor und LTU (Preise für 1992: DM 639,– bis 859,–, je nach Abflugtermin und -ort): nur über → Reiseveranstalter im Pauschalangebot; nicht einzeln zu buchen!

Codeso-Formationen Flächen mit im April/Mai gelb blühendem, ginsterähnlichem Gebüsch (Adenocarpus viscosus) in den baumlosen Hochlagen; undurchdringlich wie Latschenfelder in den Alpen.

Contacto La Palma S. L. Deutsche Immobilienfirma und Buchhandlung in Los Llanos de Aridane, General Yagüe No. 5, La Palma/Canarias (Tel. aus Deutschland 0034/22463204, Fax: 0034/22461266), hilft mit Rat und Auskunft auf der Insel; hier auch Vermittlung von Bungalows und Leihwagen (Auto Soyka).

Corralejo, 2044 m Leicht zugängliche Aussichtskuppe neben dem Kammweg zum verfallenen Refugio de la → Punta de los Roques.

Cueva → Höhlen

Cumbre de los Andenes Hochgebirge des hufeisenförmigen Calderakammes, im zentralen Abschnitt mit Durchschnittshöhe von über 2200 m, Baumgrenze um 1800 m; vulkanische Altlandschaft (vulkanische Deckschichten auf Basaltkomplex), wenig ausgeprägte Kuppen und einzelne Felsköpfe brechen mit Wänden in die Caldera ab; auf der Außenseite Abdachung gegen das Meer. Höchste Erhebung: → Pico de los Muchachos, 2426 m; weitere Gipfel: → Pico de la Cruz, 2351 m, → Pico de la Nieve, 2239 m, → Somada Alta, 1926 m, → Punta de los Roques, 2085 m, Hoya Grande (Rückfallkuppe im W), 1387 m; Höhenstraße.

Cumbre Nueva Verbindungsglied zwischen → Cumbre de los Andenes und → Cumbre Vieja; ein fast ebener Kamm mit steilen Waldflanken. Höchste Erhebung: → Reventón, 1435 m. Wdrg.: Entlang der Kammpiste von → El Pilar aus oder von der → Ermita Virgen del Píno.

Cumbre Vieja Vulkanischer Gebirgszug im S der Insel mit jüngeren, von der Erosion wenig überprägten Eruptivformen sowie Lavasand; anhaltender Vulkanismus (letzter Ausbruch 1971). Insgesamt 120 Krater und Vulkane. Höchste Erhebung: → Deseada, 1949 m; weitere Gipfel: Pico Birigoyo, 1808 m, Volcan Martin, 1602 m. Wdrgn.: → Pico Birigoyo, → Ruta de los Volcànes.

Cumbrecita → La Cumbrecita.

Deseada, 1949 m Aussichtsgipfel in der → Cumbre Vieja und Höhepunkt auf der → Ruta de los Volcanes.

Desfondada-Wasserfall Wanderziel in der → Caldera de Taburiente; ICONA-Steig zum Aussichtsp., Gehz. 2 Std.

Dos Aguas Zusammenfluß zweier Wildbäche im Grund der → Caldera de Taburiente; Orientierungspunkt beim Aufstieg durch den → Barranco de las Angustias ins Zentrum der Caldera. Wdrg.: Von P im → Barranco de las Angustias (Gehz. etwa 2 Std.).

Drachenbäume Urweltliche Bäume; für die Kanaren typisches Liliengewächs, das mehrere Jahrhunderte alt werden kann; leicht erreichbarer Bestand in → La Tosca bei Barlovento, weitere an vielen Stellen der Insel.

Einreisebestimmungen Für deutsche Staatsbürger 3 Monate Aufenthalt mit Kennkarte oder Reisepaß.

El Fraile Vulkanwüste in der → Cumbre Vieja nahe der → Deseada auf der → Ruta de los Volcanes.

El Paso Weit ausgreifende Siedlung bei → Los Llanos in der subtropischen Gartenlandschaft des → Valle de Aridane; in der Umgebung viele Mietbungalows. Größte Fabrikanlage der Insel: eine amerikanische Tabakfabrik. In El Paso hinter der Tankstelle das → ICONA-Informationszentrum; Ausgsp. für Wdrgn. in der → Caldera de Taburiente, für → Pico Bejenado, → Punta de los Roques, → Pico Birigoyo und die → Ruta de los Volcanes.

El Pilar (auch: Refugio El Pilar) Rastplatz und Erholungsgelände („Zona recreativa") zwischen → Cumbre Nueva und → Cumbre Vieja; asphaltierte Lokalstraße zweigt von „Carretera general" Santa Cruz–Los Llanos ab (Richtungsschild). Wdrgn.: → Pico Birigoyo, → Ruta de los Volcanes und → Cumbre Nueva.

Enanos Groteske, überdimensionale Zwerge unter gewaltigem Dreispitz; volkstümlicher Maskentanz seit 1833. Lebensgroße Nachbildung im Rathaus von Santa Cruz.

Ermita Virgen del Píno, 900 m Wallfahrtskapelle bei → El Paso unter der Cumbre Nueva; Sträßchen vom Ortseingang im O von El Paso. Wdrgn.: → Punta de los Roques, → Cumbre Nueva.

Ermita San Antonio Wallfahrtskapelle (nicht sehenswert), auf Wdrg. Garafia–Barranquillo de la Zarza.

Fayal-Brezal-Zone → Pflanzenwelt

Felszeichnungen Felsgravierungen der Ureinwohner (Petroglyphen), in Wohnhöhlen und an Kultstätten der → Guanchen an zahlreichen Stellen, besonders im N der Insel, z.B. in → Garafia und → La Zarza; Höhenkultstätte im Calderakamm → La Erita, Wohnhöhle Cueva del → Belmaco. Vorwiegend spiralförmige Motive, Mäander und geometrische Muster, vermutlich mit magisch-kultischer Bedeutung.

Forststraßen Ausgeschobene Erdpisten; führen weit hinauf und können sämtlich befahren werden; allradgetriebenes Fahrzeug manchmal vorteilhaft.

Fuencaliente Dorf an der S-Spitze der Insel mit Forstwirtschaft und Weinbau. Im S vulkanische Mondlandschaft. Wdrgn.: Volcan → San Antonio (im N davor P)–Roque de → Teneguia–Volcan → Teneguia–Leuchtturm Fuencaliente–P; Gehz. 5–6 Std.; Volcan → Martin und Vulkankamm im S der → Deseada, Gehz. 4–7 Std. In Fuencaliente endet auch die → Ruta de los Volcanes.

Führungen Ausflüge und Führungen aller Art; Buchung über „Viajes Insular", Plaza de España No. 2, Santa Cruz de La Palma (Tel. 41110, 412046, 415643). Führungen in der → Caldera de Taburiente durch die Parkwächter (→ ICONA-Informationszentrum El Paso und Parkaufseherhaus am Weg von Los Brecitos in die Caldera). Einwöchige Bergwanderführung durch Alpinschule Innsbruck (auch über TUI), durch Timah (über Jahn-Reisen), 2 Wochen Bergwanderurlaub durch DAV-Summit-Club, München.

Garafia Dorf an der NW-Spitze der Insel mit Petroglyphen, gehäuft in der Umgebung des Friedhofs (vermutlich Siedlungszentrum der Guanchen); interessante Doppelkirche. Neue Straße durch die Barrancos nach Las Tricias; Wdrg.: Garafia–San Antonio–Barranquillo de la Zarza–Llano Negro; Gehz. 3–4 Std.

Gastronomie → Restaurants

Geld/Währung Spanische Pesetas; Geldwechsel in größeren Orten bei Banken (auch Euroschecks) und Wechselstuben nach Börsenkurs; empfehlenswert: Abheben vom Postsparbuch in den Postämtern. Hotels und viele Restaurants nehmen auch D-Mark und Kreditkarten an; Einfuhrbegrenzungen berühren Wanderer nicht.

Getränke Ausgezeichnetes Mineralwasser von der Insel, Bier (auch aus Deutschland), internationale Getränkemarken; vor allem aber hervorragender Landwein (verdünnt für die Tour!); Hochprozentiges: spanischer Weinbrand (preiswert und ausgezeichnet!).

Guanchen Ureinwohner der Kanarischen Inseln. Einwanderung aus

Nordafrika (Berber) um die Zeitwende; bis zur gewaltsamen Eroberung 1493 durch die Spanier friedliche Existenz auf altsteinzeitlicher Kulturstufe. Später teils ausgerottet, teils unter spanischen und flämischen Neusiedlern aufgegangen; → Felszeichnungen.

Guardia civil Spanische Polizei (Gendarmerie), Dienststellen bzw. Posten in Santa Cruz, Los Llanos, El Paso, Los Sauces, Tijarafe, Garafia, Mazo.

Hochsaison Weihnachts- und Osterferien, Hochsommer.

Höhenwege → Pico de la Nieve und → Ruta de los Volcanes.

Höhlen (Cuevas) Zahlreiche Höhlen im Vulkangestein, besonders im NW; die berühmteste in → Belmaco. Manche Höhlen werden von Aussteigern als „Residenz" benutzt.

Hotels Hotel „Sol de La Palma", einzige Großhotelanlage der Insel; fürs Wandern etwas ungünstig an der W-Küste in Puerto Naos gelegen, aber mit bestem schwarzsandigen Badestrand; meist Zimmer und Appartements frei (960 Betten!). Größeres Komforthotel „Romantica" oberhalb Barlovento in der freien Natur; mehrere Stadthotels in Santa Cruz. Familiäres Hotel „Valle Aridane" in Los Llanos (guter Ausgsp. für Wdrgn.), kleineres Stadthotel „Eden". Kleine Hotels, Hostals und Pensionen in den beiden Städten und in mehreren Orten; siehe → Unterkunft.

Hoya Grande 1) Häuseransammlung im N der Insel; Ausgsp. für → Caldera-Höhenstraße, in der Nähe Barranquillo de → La Zarza. 2) Rückfallkuppe, 1387 m, im W-Abfall des Calderakammes über dem → Mirador El Time.

Hoyo Negro Kraterspalte in der → Cumbre Vieja (Ausbruch 1949) an der → Ruta de los Volcanes.

Hütten Keine Unterkunftshütten auf La Palma; → „Refugio" bedeutet Rastplatz.

ICONA „Instituto Nacional para la Conservación de la Naturaleza", spanische Naturschutz- und Nationalparkbehörde; betreut den „Parque Nacional → Caldera de Taburiente", legt Wege, Rastplätze und Erholungsgelände an.

ICONA-Informationszentrum für den „Parque Nacional" in → El Paso hinter der Tankstelle (1992 noch nicht in Betrieb); hier auch Genehmigungen für das Campen im Nationalpark (nicht in Santa Cruz!).

Idafe Felsmonolith in der → Caldera de Taburiente; Heiligtum der → Guanchen (Phallus-Symbol).

Information → Auskunft.

Kanarenstil Von maurischen Handwerkern in Spanien entwickelter Architekturstil, auch: „Mudéjar". Reiche Verwendung von Holzelementen, geschnitzte geometrische Muster; bei vielen modernen Bauten vereinfacht, aber geschmackvoll nachempfunden.

Karten Vorhandenes Kartenmaterial nutzt für das Wandern wenig, da veraltet und teils auch fehlerhaft. Keine Karte gibt den gegenwärtigen Stand der Wanderwege wieder. Auf Straßenkarten sind Forstpisten vielfach gar nicht oder aber falsch eingezeichnet.

Klima Subtropisch-mediterran: ausgeglichene Temperaturen auch im Winter, Baden im Winter möglich; siehe auch → Wetter.

Königswege → Caminos reales.

Küche Die kanarische Küche genießt einen ausgezeichneten Ruf;

erwähnenswert vor allem die raffiniert zubereiteten Fischgerichte und gegrilltes Fleisch, besonders Kaninchen, Ziege und Schaf mit scharfer Mojo-Soße (viel Knoblauch!); Beilagen-Spezialität: „Papas arrugadas" (Pellkartoffeln in Meersalz, werden mit der Schale gegessen). Sehr guter geräucherter Ziegenkäse. Zunehmend wird auf mehrsprachigen Speisekarten „Internationale Küche" angeboten. Viele Kellner sprechen etwas deutsch. In den Siedlungszentren auch italienische Restaurants.

Kulturdenkmäler aus dem 16. bis 18. Jahrhundert in größerer Zahl. Europäische Kulturstile finden sich hier in interessanter kanarischer, d. h. maurisch beeinflußter Abwandlung. Auch flämische Malerei und Plastik ist, vor allem in Santa Cruz, zu sehen (siehe S. 46f.), einiges auch in → Los Sauces und →Los Llanos; viele schöne Dorfkirchen.

La Cumbrecita, 1287 m Auf guter Straße von → El Paso mit Pkw erreichbar, P. Kurzer, bequemer und sicherer Zugang zum Aussichtsp. → Mirador de las Chozas mit Blick in die → Caldera de Taburiente. (Der Felsensteig von hier in die Caldera ist verschüttet und derzeit ungangbar!)

La Erita Guanchen-Kultstätte mit Petroglyphen am Calderakamm. Beim Aufstieg zum → Pico de la Nieve zu besuchen.

La Palma „San Miguel de la Palma" (1986: 79 800 Einwohner), nordwestlichste Insel des kanarischen Archipels, größte Breite 28 km, Länge 45 km; wasserreiche vulkanische Gebirgsinsel, die aus 4000 m Meerestiefe emporsteigt. Ihr stark ausgeprägtes und von den Schluchten der → Barrancos wild zerschnittenes Relief reicht von der Küstenregion (v. a. steile Felsküste) bis in die Hochgebirgszone; höchste Erhebung ist der → Pico de los Muchachos, 2426 m. Das Gebirge verbindet vulkanische Altlandschaft (→ Cumbre de los Andenes) in der N-Hälfte der Insel mit jüngeren Eruptivformen in der → Cumbre Vieja im S-Teil. Vielfältige subtropische Landschaftstypen mit zahlreichen fremdartigen Gewächsen wechseln auf der engen Grundfläche von 726 qkm auf kurze Entfernung ab. Im N der Insel vielfach noch ursprüngliche Siedlungs- und Wirtschaftsformen der einheimischen Palmeros. Besonders beeindruckend sind die Spuren des anhaltenden Vulkanismus (letzter Ausbruch 1971). Dennoch ist La Palma die waldreichste Insel der Kanaren (→ Pflanzenwelt), die „Grüne Insel", auch „Isla bonita". Leben und Infrastruktur auf der Insel entsprechen südeuropäischem Standard, etwa wie auf Mallorca; deutsche Ärzte und deutsche Firmen. Vom Tourismus ist die Insel noch nicht verunstaltet; reiner Badetourismus spielt eine untergeordnete Rolle.

La Tosca Kleine Streusiedlung im N der Insel unterhalb der Straße Barlovento-Gallegos mit leicht zugänglichem → Drachenbaum-Bestand.

La Zarza, Barranquillo de und *La Zarzita* Quellheiligtum der Guanchen im Gebiet um → Hoya Grande mit interessanten Petroglyphen; erreichbar von der Nordküstenstraße Richtung Barlovento, einige km nordöstlich hinter Llano Negro.

Las Nieves Besuchenswerter historischer Wallfahrtskomplex mit sehr interessanter Kirche oberhalb → Santa Cruz; vierstöckiger Altar aus massivem Silber sowie flämische Kunstwerke. Aus der Kirche wird die Schutzheilige der Insel, die „Madonna vom Schnee", seit 1680 alle 5 Jahre (1995, 2000 usw.) während der „Bajada de la Virgen de Las Nieves", einem religiösen Volksfest, nach Santa Cruz hinuntergetragen.

Lebensmittel → Verpflegung

Leihwagen Für das Bergwandern von festem Standquartier aus unbedingt zu empfehlen; bei Buchung der Unterkunft vom Reiseveranstalter günstig mitzubestellen. Autoverleiher in allen größeren Orten sowie am Flugplatz; deutsche Firma: Auto Soyka, General Yagüe 5, Los Llanos, siehe → Contacto. Im Angebot der sehr geeignete, weil bedingt geländegängige kleine SEAT (entspricht dem Fiat Panda), aber auch echte Geländefahrzeuge.

Literatur siehe S. 188 f.

Los Brecitos Aussichtsp. hoch auf Geländesporn am Beginn der → Caldera de Taburiente; Ausgsp. für Wdrgn. im „Parque Nacional". Mit Pkw auf manchmal sehr schlechtem Sträßchen erreichbar von Los Llanos aus über Los Barros durch den → Barranco de la Angustias und jenseits am Hang empor (nur für absolut sichere Fahrer!). Caldera-Führungen und Tragtiere im Parkaufseherhaus am Weg Los Brecitos-Caldera.

Los Llanos de Aridane Handelszentrum, landwirtschaftlicher und touristischer Hauptort im → Valle de Aridane mit hohem Bevölkerungszuwachs. Modernes Kleinstädtchen mit sehenswerter kanarischer Plaza; Pfarrkirche aus dem 17. Jh. mit flämischen Kunstwerken; viele empfehlenswerte Restaurants. Ausgsp. für Wdrgn. in der → Caldera de Taburiente u.a.

Los Sauces Städtchen im NO der Insel; völlig umgestaltete Pfarrkirche mit flämischer Pieta aus dem 16. Jh. Wdrgn.: siehe → Los Tilos.

Los Tilos Ausflugsgebiet im Lorbeerurwald bei → Los Sauces mit neuer Gaststätte, Rastplatz und Campingfläche. Wdrgn. u.a.: → Barranco del Agua, Mirador und Forstpiste ins → Reserva de Biosféra.

LTU-Vertretung Viajes Insular, Plaza de España 2, Santa Cruz, Tel. 41 19 72, 41 11 10 (Frau Ursula Gaus).

Lugar de Acampada Naturbelassenes Rast- und Campinggelände (Biwak) im Zentrum der Caldera de Taburiente bei der → Playa de Taburiente; Ausgsp. für Wdrgn. innerhalb der Caldera (z.B. → Desfondada-Wasserfall). Einfachste Ausstattung ohne Sanitäreinrichtungen und feste Unterkünfte; Ausbau auch nicht vorgesehen! Von → Los Brecitos auf gutem Weg (Gehz. 2 Std.) oder durch den → Barranco de las Angustias (Gehz. 4 Std.) erreichbar.

Malvasier-Rebe Süße Weinsorte, bei → Fuencaliente angebaut.

Martin, Volcan 1602 m Vulkan im „Sandgebirge" im S der → Deseada in der → Cumbre Vieja an der → Ruta de los Volcanes; Einblick in den Krater. Wdrg.: Fuencaliente–Vulkan, Gehz. 4–5 Std.

Medizinische Versorgung Deutsche → Ärzte, Zentralkrankenhaus Hospital „Nuestra Señora de

Las Nieves“ in Santa Cruz mit allen Diensten; → Unfallhilfe, Rotkreuzstationen. Vor Reiseantritt Abschluß der üblichen, für das europäische Ausland geltenden Reisekrankenversicherung empfehlenswert.

Mirador Angelegter oder ausgebauter Aussichtsp.

Mirador de la Concepción Aussichtsp. auf Kraterrest oberhalb → Santa Cruz mit Blick über die Stadt.

Mirador de las Chozas, 1250 m (auch: Lomo de las Chozas) Aussichtskanzel mit hervorragendem Einblick in die → Caldera de Taburiente; kurzer, bequemer und sicherer Zugang von → La Cumbrecita aus.

Mirador de los Andenes Aussichtsp. auf der → Cumbre de los Andenes; in wenigen Minuten auf Pfad von der → Caldera-Höhenstraße zugänglich.

Mirador El Time (Torre El Time) Großartiger Aussichtsp. auf ca. 1300 m Höhe im W-Ausläufer des Calderakammes (nicht in den Karten verzeichnet). Einblick in die → Caldera de Taburiente, Schau auf SW-Küste und → Valle de Aridane. Lange Höhen-Wdrg.: Tijarafe – Waldpiste zum Mirador – Küstenstraße, Gehz. 5–6 Std.

Mountainbiking Gute Möglichkeiten vorhanden, auf der Insel aber noch wenig verbreitet; geführte Mountainbiketouren vermittelt u. a. → Contacto in Los Llanos.

Mudéjar → Kanarenstil.

Museen „Museo Insular“ (offen Mo–Fr 10–13 und 16–19 Uhr, Sa 10–13 Uhr; Heimatmuseum für Naturkunde, Archäologie und Kunst; deutscher Videofilm über die Insel); „Museo Naval“ in der Nachbildung der Kolumbus-Kogge; beide in → Santa Cruz.

Naturschutzgebiete 31 begehbare Naturschutzgebiete auf der Insel, am bedeutendsten der „Parque Nacional → Caldera de Taburiente“.

Observatorium, astrophysikalisches am → Pico de los Muchachos (derzeit keine Besuchsmöglichkeit).

Ovejas, 1854 m Kuppe im S-Teil des Calderakammes nahe am Weg zur → Punta de los Roques.

Palmeros Bezeichnung für die Einheimischen auf der Insel La Palma.

Parque Nacional → Caldera de Taburiente.

Pauschalreisen → Reiseveranstalter.

Petroglyphen → Felszeichnungen.

Pflanzenwelt Floristisch gesehen, ist die „Grüne Insel“ mit 774 Pflanzenarten eine der interessantesten Inseln überhaupt; höchster Anteil an nur hier vorkommenden (endemischen) Gewächsen – 27% der auf La Palma anzutreffenden Arten sind dem Urlauber vom europäischen Festland fremd. Mit 41,4% Waldbedeckung waldreichste Insel der Kanaren (Gomera: 22%); einzigartige, ursprüngliche Reste von Lorbeerurwald, einer mittelmeerischen Reliktflora aus dem Tertiär (→ Reserva de Biosféra). Forstwirtschaftlich genutzter Pinienwald aus Kanarenkiefern (Pinus canariensis) herrscht vor; bescheidener Unterwuchs, vor allem gelb blühender Hornklee; Pinien häufig durch Brände deformiert. Pinienwald geht über in die Fayal-Brezal-Zone aus Baumheide, Stechpalmen und Gagelsträuchern; im Fels spektakuläre Dickblattgewächse (überdimensionale Hauswurzarten), in den baumlosen Hochlagen undurchdringliche Felder gelb blühender → Codeso-Formationen. Unterhalb dieser Zone rosa und weiß blühendes Zistrosengebüsch, stellenweise auch baumhoher weißer Ginster. Blütezeit fast das ganze Jahr über, Hauptblütezeit der wilden Vegetation zwischen Januar/Februar und Mai. Übliche Pflanzenbestimmungsbücher für europäische Flora nutzen dem Pflanzenfreund wenig, ein spezielles Bestimmungsbuch für die Kanarenflora in deutscher oder englischer Sprache ist derzeit nur schwer erhältlich.

Pico Bejenado, 1875 m Freier Aussichtsgipfel bei → El Paso mit lohnendem Calderapanorama; ICONA-Steig. Wdrg.: El Paso–Valencia–Bejenado–Valencia. Vom Abstellplatz des Wagens auf etwa 1100 m Gehz. 4–5 Std.

Pico Birigoyo, 1808 m Vulkan in der → Cumbre Vieja, direkt über → El Pilar. Wdrg. von El Pilar, am bequemsten über das Anfangsstück der → Ruta de los Volcanes.

Pico de la Cruz, 2351 m Erhebung im Calderakamm; gegenwärtig Endpunkt des Höhenweges Pico de la Nieve – Pico de la Cruz. Wiederherstellung der Fortsetzung durch ICONA geplant.

Pico de la Nieve, 2239 m Beliebtester Aussichtsgipfel im Calderakamm auf dem Verbindungsweg zum Refugio → Punta de los Roques; Höhenkultstätte der Guanchen → La Erita. Wdrg.: Anfahrt von Santa Cruz ca. 27 km bis P „Pico de la Nieve" auf Erdpiste – Aufstieg zum Pico de la Nieve (2 Std.) – Höhenweg Pico de la Nieve – Pico de la Cruz (eine der schönsten Höhenwanderungen auf La Palma), Gehz. 5–6 Std.

Pico de los Muchachos, 2426 m (auch: Roque de los Muchachos) Kulminationspunkt der Insel mit einigen Felstürmchen (Muchachos!); Gipfel-P auf Stichstraße von der → Caldera-Höhenstraße erreichbar. An der Gipfelkuppe Astrophysikalisches Observatorium. Wdrg.: P an der Stichstraße – Pico de los Muchachos – auf Trittspuren zur Somada Alta – zurück zu P; Gehz. 5 Std.

Pico del Cedro, 2247 m Wenig ausgeprägte Kuppe oberhalb des Höhenweges Pico de la Nieve – Pico de la Cruz.

Piedra Lana, 2312 m Gipfel am Höhenweg Pico de la Nieve–Pico de la Cruz.

Pinienwald Vorwiegende Waldformation auf La Palma, siehe → Pflanzenwelt.

Playa de Taburiente Bergwiese in Wildbachkessel und Campinggelände (→ Lugar de Acampada) im Zentrum der → Caldera de Taburiente.

Post Postämter mit allen Diensten in Santa Cruz und Los Llanos (offen nur vormittags). Poststellen in den Dörfern.

Punta de los Roques, 2085 m Felskopf im SO des Calderakammes, Aussichtsp.; dort Hüttenruine Refugio de la Punta de los Roques. La Palmas beliebteste Berg-Wdrg. auf gutem Weg: P an der → Ermita Virgen del Píno, 900 m – Reventón-Sattel auf der Cumbre Nueva, 1435 m – Refugio – zurück zu P (ausgesetzter Steig weiter auf Calderakamm, Anschluß an Höhenweg Pico de la Nieve–Pico de la Cruz); Gehz. 6–7 Std. (Cumbre

Nueva auch auf Erdpiste befahrbar bis zum → Reventón, 1435 m, über → El Pilar; spart 1½–2 Wegstunden).

Rastplätze „Refugios“, mit Tischen, Wasser und Feuerstätten; meist auch Kampieren möglich.

Refugio → Rastplatz; keine Unterkunftshütte!

Reiseveranstalter Die meisten der größeren Reiseveranstalter bieten Flug und Unterkunft in Hotels oder Bungalows ab ca. DM 1000,– bis 1200,–/Woche an (1992), Leihwagen gegen Aufpreis. Flug von Berlin, Düsseldorf, Frankfurt, Hamburg, Köln/Bonn, München und Stuttgart; Last-minute-Angebote oft billiger. Auch kleinere Spezialveranstalter, z.B. 1 Woche Bergwandern mit Alpinschule Innsbruck und Viking-Reisen, 2 Wochen Bergwanderurlaub mit DAV-Summit-Club, München.

Reserva de Biosféra Von UNESCO ausgezeichnetes Lorbeerurwald-Reservat. Einzigartiger Reliktbestand aus dem Tertiär, in dieser Ursprünglichkeit nur mehr auf La Palma! Wdrg.: Los Sauces–Los Tilos (Informationszentrum, 1992 noch nicht eröffnet) – Barranco del Agua (zurück nach Los Tilos)–Mirador (Aufstieg auf dem Kamm bis zu Schlagflächen mit weiter Aussicht möglich) – Los Sauces; Gehz. 4–5 Std.; Forstpiste Reserva de Biosféra, Gehz. 3–4 Std.

Restaurants In größerer Zahl in Santa Cruz und im Valle de Aridane (auch Spezialitätenrestaurants); in anderen Teilen der Insel seltener, dort meist nur Bars; einheimische und „Internationale Küche“: → Küche.

Rettung → Unfallhilfe.

Reventón, 1435 m Höchste Kuppe der → Cumbre Nueva; über → El Pilar anfahren. Auch Wdrg. über den Cumbre-Nueva-Kamm.

Roque de los Muchachos → Pico de los Muchachos.

Roque de Teneguia → Teneguia.

Roque (del) Palmero, 2310 m Felserhebung im Westast des Calderakammes auf der Route zur → Somada Alta.

Ruta de los Volcanes Vulkanroute; interessanteste und großzügigste Tour auf La Palma, führt in die fremdartige Welt der Vulkanberge. Wdrg. weitgehend entlang dem → Cumbre-Vieja-Kamm: El Pilar, 1505 m (P)–Deseada, 1949 m–Fuencaliente; Gehz. 7 Std. (bei Rückweg von der Deseada nach El Pilar 5–6 Std.).

Saison Ganzjährig (Regenzeit etwa November/Dezember); siehe auch → Hochsaison.

San Antonio, Volcan, 525 m Erloschener Bilderbuchvulkan im S von → Fuencaliente mit Rundweg auf dem Kraterrand, Wdrg. von Fuencaliente aus.

Santa Cruz de La Palma Hauptstadt der Insel (17 697 Einwohner), gut ausgebauter Hafen, internationaler Flughafen in der Nachbarschaft (Bus). Sehr gut erhaltener alter Stadtkern mit kanarisch-mediterranem Flair; kulturgeschichtliche Fundgrube. Einige Hotels und viele Restaurants, Museen (siehe S. 42 ff.).

Schnee Gelegentlich in Wintermonaten in den Hochlagen; Bergwandern dabei möglich.

Schutzhütten Keine benutzbaren Schutzhütten auf La Palma; → „Refugio“ bedeutet hier Rastplatz.

Somada Alta, 1926 m Gipfel im W-Ast des Calderakammes, auf

Trittspuren vom → Pico de los Muchachos erreichbar.

Sonneneinstrahlung Selbst auf Meereshöhe von hoher Intensität (wie etwa in den Alpen in Höhen über 3000 m); Gefahr von Sonnenbrand und Sonnenstich, auch beim Wandern! Siehe auch → Wetter.

Sprache Ausschließlich spanisch, gelegentlich auch englisch; manche Kellner und im Tourismus Beschäftigte sprechen etwas deutsch.

Straßennetz Gut ausgebaut; wird laufend weiter modernisiert. Ausgsp. für Wanderungen von der mittleren Zone der Insel mit Pkw jederzeit gut erreichbar, mitunter aber längere Fahrzeiten; Nordküstenstraße erst teilweise ausgebaut; viele → Forststraßen bis in die Hochlage.

Taxi Fast überall auf der Insel; Auskünfte häufig in Bars; nicht billig.

Teneguia 1) Volcan Teneguia, 439 m, Vulkan im S von → Fuencaliente (der letzte Ausbruch fand 1971 statt).
2) Roque de Teneguia, Felsen in Vulkannähe mit Petroglyphen.
3) Ausgezeichnete Weine

Tourismusbehörde Cabildo Insular Isla de La Palma, Patronato del Turismo, Av. Maritima 3, E-38700 Santa Cruz de La Palma/Islas Canarias.

Uhrzeit Gegenüber MEZ 1 Stunde zurück.

Unfallhilfe Rotkreuzstationen in → Santa Cruz, → Los Llanos und Puerto Naos, Notruf bei den Posten der → Guardia civil, kein Bergrettungsdienst.

Unterkunft Verhältnismäßig wenige → Hotels; Appartements vor allem in Los Cancajos, Puerto Naos, Tazacorte; zahlreiche Bungalows, auch in Fincas und Haziendas – für selbstverpflegende Bergwanderer als Standquartier empfehlenswert! In einigen kleinen Orten einfache Gasthöfe („Hostal") und Pensionen; Nachweis bei Viajes Insular (→ Auskunft). Auskünfte auch bei → Contacto (Los Llanos). Vermittlung von Quartieren ebenfalls durch etliche Leihwagenfirmen. Unterkunft im Paket mit Flug zu buchen bei den → Reiseveranstaltern (rechtzeitig buchen, da in den Hauptreisezeiten Flugkapazität knapp!). Gelegentliches Campen auf dem Gelände von → Refugios möglich, Biwakieren manchmal auch in Höhlen in tieferen Lagen, jedoch häufig feucht (Nachttau!).

Valle de Aridane Tektonisch bedingter, sanft abfallender Hang zwischen → El Paso und → Los Llanos im W der Insel; einzige größere Verebnung der Insel. Bedeutendes landwirtschaftliches Gebiet. Hier auch die meisten Mietbungalows; fürs Bergwandern mit Leihwagen-Verwendung zentral gelegen.

Verkehrsregeln Wie in Deutschland; allgemein Vorfahrt rechts vor links (bes. im Kreisverkehr!); Vorfahrtsschild meist mit Aufschrift „CEDA EL PASO". Geschwindigkeitsbeschränkung auf Landstraßen 90 km/h, in Orten 60 km/h, Streifen der → Guardia civil überwachen deren Einhaltung.

Verkehrsverbindungen Charterflüge mit Condor und LTU direkt von deutschen Flughäfen aus; Buchung bei vielen Reisebüros. Billig sind außerhalb der Saison Lastminute-Angebote für Kurzentschlossene. Zahlreiche Flüge zwischen den Inseln mit Iberia und Binter, auch Autofährverbindungen. Auf La Palma dichtes Busnetz, aber besonders im NW nur wenige oder zeitlich unpassende Kurse; Leihwagen fürs Bergwandern unbedingt empfehlenswert.

Verpflegung In → Restaurants; gute Einkaufsmöglichkeit in den Supermärkten im zentralen Teil der Insel (offen Mo–Sa 9–13 Uhr, Mo–Fr 17–20 Uhr; auch deutsche Nahrungsmittel), sonst in „Vendas". Tourenverpflegung wie gewohnt, Getränke nicht vergessen.

Viajes Insular (Tourist-Information) → Auskunft.

Vulkanroute → Ruta de los Volcanes.

Währung → Geld.

Wald → Pflanzenwelt.

Wandern La Palma ist vor allem Wanderinsel, nicht Badeinsel! Zahlreiche Spaziergänge und Ausflüge, vor allem auf Wirtschaftswegen und Erdpisten, allerding meist ohne Wegweiser und Markierungen; wenige Rundwanderungen ohne Begehen von Straßenasphalt. Ein bißchen Pfadfindergeist und Entdeckerlust schadet nicht. Ein Teil der ursprünglichen Pfade ist derzeit leider schlecht benutzbar, da zugewachsen oder durch neueren Straßenbau zerstört; wegloses Wandern schwierig. Routenbeschreibungen in älteren Führern treffen häufig nicht mehr zu; die Wegsituation ist gegenwärtig einem raschen Wandel unterworfen. Beste Wanderzeit: Januar bis Mai und Herbst. Keine Gesamtdurchquerung der Insel auf zusammenhängendem Weg abseits von Straßen in tieferen Lagen möglich. Besonders lohnend auf La Palma ist das Bergwandern.

Wasserfälle Vor allem in Innern der → Caldera de Taburiente (→ Desfondada–Wasserfall).

Wege → Wandern.

Wein Kräftiger, trockener Landwein von der Insel („Vino del pais" – köstlich!), teils auch → Malvasier. Die Produktion deckt nur einen Teil des gesamten Inselbedarfs, wird gegenwärtig aber ausgeweitet. Jetzt zahlreiche Neuanpflanzungen; verfallende Terrassen im Gelände sowie verwilderte Rebstöcke bezeugen ehedem größere Anbauflächen.

Wetter Regional sehr unterschiedlich, rasche Wechsel auf kurze Distanz; Niederschläge, außer in den Winterregenzeit (meist Dezember), vorwiegend von kurzer Dauer, aber oft kräftig; auch bei Schlechtwetterlagen ist zumeist ein Inselteil besonnt! Sonnenscheindauer im W der Insel fast doppelt so hoch wie in München, O- bis N-Seite häufiger unter einer Wolkendecke. Bei Bergtouren unter 1800 m oft keine dauerhaft klare Sicht: Zumeist auch an Schönwettertagen am Vormittag Passatwolken, die erst in den späten Abendstunden wieder verschwinden. Diese Wolken strömen wie bei Föhnlagen über den Kamm der → Cumbre Nueva und Teile der → Cumbre Vieja; phantastischer Blick auf das Wolkenmeer. In den Wolken wird man allerdings kräftig durchnäßt (sog. „Horizontalregen"), in den Höhen gibt's öfter klamme Finger; hohe Luftfeuchtigkeit, so daß Wäsche nur in der vollen Sonne trocknet. In den Wintermonaten in Hochlagen oftmals etwas Schnee.

Literatur

Bücher (vorwiegend in deutscher Sprache)

Aschbacher, H.: Teneriffa, La Palma, Gomera, Hierro. Pforzheim 1988.
Bramwell, D. u. Z.: Wild flowers of the Canary Islands. 1974. (Bestes Pflanzenbestimmungsbuch; Cheltenham.)
Castro Cordobes, A.: Kanarische Weine. Sta.Cruz de Tenerife 1988.
Castro, J. M. u.a.: La Palma, die Kanarische Insel. Tübingen 1985.
Dressler, F. u. Weidemann, S.: Kanarische Inseln. München 1989 (Bildband).
Goebel, W. u. Aabe, A.: La Palma. Hierro. Rielasingen 1990.
Gronau, E. u. Plassmann, W.: Die Kanarischen Inseln. Sehen & erleben. München 1988 (Bildband).
Held, B.: La Palma, La Gomera, El Hierro. Inselführer. 2. Aufl., Essen 1988.
Huber, J. P. u. Tanner, K.: Kanarische Inseln. Zürich 1990 (Bildband).
Junker, H.: Die Pinie zur heiligen Jungfrau. Düsseldorf o. J. (Köstliche Impressionen vom Leben auf La Palma.)
Kanarische Inseln. Polyglott-Reiseführer. 19. Aufl., München 1989/90. (Zur ersten Orientierung.)
Kanarische Inseln. Merian 8/44. Hamburg 1991.
Kensak, P.: Kanarische Inseln. o.O. 1988.
Kerl, W.: Die Kanarischen Inseln. München 1990.
Kunkel, G.: Die Kanarischen Inseln und ihre Pflanzenwelt. Stuttgart 1980. (Pflanzengeographie – kein Bestimmungsbuch!)
La Palma-Schritt für Schritt. Sta. Cruz de Tenerife 1989. (Reicher Wanderteil, aber veraltet.)
Matznetter, J.: Die Kanarischen Inseln – Wirtschaftsgeschichte und Agrargeographie. Gotha 1958.
Metzler, K.: Kompaß-Wanderführer Kanarische Inseln. 5. Aufl., Stuttgart 1989.
Möller, H.: Kanarische Pflanzenwelt. 2 Bände. Puerto de la Cruz 1974. (Bestimmungsbuch – nicht mehr erhältlich.)
Muxfeldt, S. u. Fründt, H.: Kanarische Inseln auf eigene Faust. Kiel 1990.
Nebel, G.: Phäakische Inseln. Eine Reise zum kanarischen Archipel. Stuttgart 1965.
Parque Nacional de la Caldera de Taburiente. Text.: J. J. Santos Cabrera. Ed. David, Barcelona 1989. (Text auch deutsch.)
Reifenberger, A.: La Palma Handbuch. Kiel 1991 (172 S., mit Zeichnungen u. Kartenskizzen – sehr empfehlenswert!)
Reifenberger, A. u. U.: Kanarische Wanderungen auf La Gomera, El Hierro und La Palma. Kiel 1988.
Rothe, P.: Kanarische Inseln. Sammlung geologische Führer, Bd. 81. Berlin 1986.

Rother, A. u. F.: Die Kanarischen Inseln. Inseln des ewigen Frühlings. DuMont-Kunst-Reiseführer. 10. Aufl., Köln 1988. (Gut, aber für La Palma sehr knapp.)
Rother, A. u. Baumli, O.: Die Kanarischen Inseln. Luzern 1987. (terra magica.)
Santos Guerra, A.: Vegetación y Flora de La Palma. Santa Cruz de Tenerife 1983.
Schulz, P. O. u. Braunsburger-v.d.Brelie, E.: Kanarische Inseln. dtv-Merian Reiseführer. München 1989.
Schwidetzky, I.: Die vorspanische Bevölkerung der Kanarischen Inseln. Göttingen 1963.
Studemund-Halévy, M.: Super reisen! Gomera, Hierro, La Palma. Hamburg 1991.
Teneriffa, Gran Canaria, Fuerteventura ... La Palma, HB-Bildatlas. o. J.
Wünsche, E. u. Oertel, M. L.: Kanarische Inseln. München 1987.

Zeitschriftenaufsatz

Reifenberger, A. u. U.: Steinerne Zeugnisse der Ureinwohner von El Hierro und La Palma. In: Prähistorische Zeitschrift 61, 1986.

Amtliche Karte

Isla de La Palma 1:50 000, ed. para el turismo. Um 1981 (nur brauchbar für die Beurteilung des Reliefs; enthält nicht alle Ortsnamen, kaum brauchbare Einzeichnungen von Wegen).

Register